Jürg Aggeler

Der Weg von Kleists Alkmene

Europäische Hochschulschriften

Publications Universitaires Européennes
European University Papers

Reihe I
Deutsche Literatur und Germanistik

Série I   Series I

Langue et littératures allemandes
German language and literature

Bd./vol. 71

Jürg Aggeler
Der Weg von Kleists Alkmene

Herbert Lang Bern
Peter Lang Frankfurt/M.
1972

Jürg Aggeler

Der Weg von Kleists Alkmene

Herbert Lang Bern
Peter Lang Frankfurt/M.
1972

CC

ISBN 3 261 00776 1

© 1972, Verlag Herbert Lang & Cie AG, Bern (Schweiz)

Verlag Peter Lang GmbH, Frankfurt/M. (BRD)

Herstellung: fotokop wilhelm weihert, Darmstadt

Meinen Eltern

INHALT

EINLEITUNG

Alkmene, die schönste und innigste der Frauengestalten in Kleists Werk,
vor deren Sicherheit des innersten Gefühls selbst ein Gott sich beugen musste,
soll hier im Zentrum unserer Betrachtungen stehen. Sie ist zutiefst wesensver-
wandt mit ihren Schwestern aus anderen Stücken, mit Eve im "Zerbrochenen Krug",
der Marquise von O., mit Littegarde im "Zweikampf", dem Käthchen von Heilbronn und in gewissem Sinne auch mit Penthesilea. Wenn Käthchen in seinem
unerschütterlichen Glauben und in seiner absoluten und unbedingten Liebe, die
selbst die grössten Demütigungen nicht achtet, ein Letztes an Hingabe an das Du
leistet, so ist Penthesilea ebenso absolut in der Masslosigkeit, mit der sie vom
Du Besitz nehmen will. Aber auch bei andern Frauengestalten finden sich bekannte
Züge wieder, so etwa bei Agnes aus der "Familie Schroffenstein", bei Toni in der
"Verlobung in St. Domingo" oder bei Natalie im "Prinz Friedrich von Homburg".

Das ergreifende Wesen Alkmenens, wie vom Gotte ihr heiliges Verhältnis in
ihrer Liebe zu Amphitryon, ja, ihr Daseinsgrund, die Gewissheit für Ich und Du,
für das Ich durch das Du, gestört wird, wie sie durch Zeichen der Wirklichkeit,
die verwirrenden Reden des Gottes in der Gestalt ihres Gatten und durch die Anschuldigungen ihres wirklichen Gatten, sie habe den "nichtswürdigsten der Lotter-
buben" an seiner Statt empfangen, in den tiefsten Konflikt zwischen ihrem innersten
Gefühl und der widersprechenden Wirklichkeit gestürzt wird und wie sie schliesslich der letzten Versuchung Jupiters widersteht und nicht die himmlische Liebe
des Olymps, sondern die irdische zu Amphitryon und damit deren Göttlichkeit auf
Erden wählt, dies alles erhöht ihre Gestalt derart, und ihr von Verzweiflung er-
schütterter Glauben bewegt uns so stark, dass neben ihr die andern Figuren zu
verblassen drohen. So wurde das Stück schon von verschiedenen Interpreten entweder zum Drama der Alkmene umbenannt oder aber ihre Gestalt als Mittelpunkt
angesehen, woraufhin alle andern Figuren konzipiert seien. Es ist zu früh, um an
dieser Stelle auf die verschiedenen Interpretationen einzugehen. So viel sei jedoch
festgehalten: Alkmene ist die Frauengestalt, die wohl mit der grössten persönlichen Anteilnahme und Liebe Kleists geschaffen wurde; und so ist es nicht verwunderlich, wenn sie die andern Gestalten überstrahlt. Deshalb aber diesen ihr Eigen-
leben abzusprechen und Jupiter lediglich als 'Hilfskonstruktion' einzuführen, wäre

falsch.[1] Das Stück kann nur sinngemäss interpretiert werden, wenn es in seiner Ganzheit gesehen wird. Das gleiche gilt auch für die zweite Ebene, die der Satire, für die Welt des Sosias und der Charis, wo das Ich für ein Gericht von Wurst und Kohl verkauft wird. Man mag einwenden, dies sei nur ein lästiges Ueberbleibsel, das seinen Grund darin habe, dass das Stück als Uebersetzung des Molièreschen Amphitryon begonnen wurde. Fürs erste hätte Kleist diesen behaupteten Missstand sicherlich ebenso souverän beseitigt, wie er mit den neugeschaffenen Szenen ein gänzlich neues Drama geschaffen, ja, wie er bereits den Eingang des Stücks durch die Freiheit des Ausdrucks und ein paar wenige Ergänzungen in eine völlig neue Ebene gerückt hat; zum zweiten finden wir in vielen Dramen und Novellen Kleists, man denke nur etwa an den "Zerbrochenen Krug", diese beiden Ebenen oder gar deren Vermischung, wo innigste Seelengrösse und krudester Alltag zusammentreffen.

Bei einem Stück von solcher Dichte und Tiefe drängt sich auch unwillkürlich die Frage nach der Beziehung von Werk und Leben des Dichters auf. Bei Kleist ergibt sich in dieser Hinsicht erstaunlich wenig Gemeinsames. Es ist nicht wie bei Goethe, wo sich das Leben unmittelbar in der Dichtung spiegelt, wo wir die Frau seiner Liebe in einem Gedicht oder Schauspiel wiederfinden. Kleists Biographie gibt für die Deutung seines Werks wenig Aufschluss. So führt auch die These, der "Amphitryon" sei nach einem Zusammentreffen mit seiner ehemaligen Braut und ihrem Gatten, dem Philosophieprofessor Traugott Krug, in Königsberg entstanden, nicht weiter; Kleist hätte dabei die Rolle des alles überschauenden Jupiter, des freien Dichtergenius, zu spielen.[2] Kleist soll aber, nach einer Untersuchung von Helmut Sembdner,[3] schon 1803 am "Amphitryon" gearbeitet haben, also vor dem Zusammentreffen in Königsberg. Dazu kommt, wie gesagt, dass sich in den anderen Stücken kein Bezug zum Leben des Dichters finden lässt.

---

1 Gerhard Fricke in seinem Buch "Gefühl und Schicksal bei Heinrich von Kleist", Berlin 1929, S. 79.
  Dieser Terminus wurde seither von verschiedenen Interpreten wieder aufgenommen.
2 So bei Ernst Fischer, Heinrich von Kleist, "Sinn und Form" 1961, in WdF, S. 500 und bei Hanna Hellmann, Heinrich von Kleist, Heidelberg 1911, S. 31f.
3 Helmut Sembdner, Molière und der "Zerbrochene Krug": Neues zur Entstehungsgeschichte von Kleists Lustspielen, im Programmheft Nr. 8 des Schauspielhauses Zürich, 1968 - 69, S. 8f.
  Ebenfalls zu einer frühen Datierung kommt Hans Wolff auf Grund einer Brief-

(Als Ausnahme könnte man die "Hermannsschlacht" anführen. Auf den ersten Blick mag das zutreffen; bei genauerer Untersuchung sehen wir jedoch, dass das Werk wohl in der Unterdrückung Preussens durch die französische Fremdherrschaft seinen Beweggrund hatte, dass es aber dann auf einer gänzlich andern Ebene handelt.)

Was wir jedoch in Werk und Leben an Gemeinsamem finden, ist die Grundhaltung, die beides bestimmt, die quälende Frage: Wie kann ich in dieser "gebrechlichen Einrichtung der Welt" meine eigene, mir von Gott zugewiesene Aufgabe erkennen und erfüllen?

Für den jungen Kleist ist diese Frage noch nicht in der gleichen Weise bedrängend wie für den späteren Dichter. Nicht dass er sie nicht mit der gleichen Ernsthaftigkeit und Absolutheit seines Wesens stellen würde, aber mit dem Glauben der Aufklärung hofft er, mittels der Vernunft das Leben zu bewältigen, dessen Sinn und die Aufgabe, die es an ihn stellt, zu erkennen. So sucht er in einem Brief vom Frühjahr 1799 mit heiligem Eifer seine Schwester Ulrike zu überzeugen, dass es für sie eine moralische Pflicht sei, sich einen Lebensplan, den Weg, den die Vernunft unfehlbar zum eigenen Glück hinweist, zurechtzulegen:

"Ein freier, denkender Mensch bleibt da nicht stehen, wo der Zufall ihn hinstösst; oder wenn er bleibt, so bleibt er aus Gründen, aus Wahl des Besseren. Er fühlt, dass man sich über das Schicksal erheben könne, ja, dass es im richtigen Sinne selbst möglich sei, das Schicksal zu leiten. Er bestimmt nach seiner Vernunft, welches Glück für ihn das höchste sei, er entwirft sich seinen Lebensplan, und strebt seinem Ziele nach sicher aufgestellten Grundsätzen mit allen seinen Kräften entgegen.
. . . . .
Ja, es ist mir so unbegreiflich, wie ein Mensch ohne Lebensplan leben könne, und ich fühle, an der Sicherheit, mit welcher ich die Gegenwart benutze, an der Ruhe, mit welcher ich in die Zukunft blicke, so innig, welch ein unschätzbares Glück mir mein Lebensplan gewährt, und der Zustand, ohne Lebensplan, ohne feste Bestimmung, immer schwankend zwischen unsichern Wünschen, immer im Widerspruch mit meinen Pflichten, ein Spiel des Zufalls, eine Puppe am Drahte des Schicksals - dieser unwürdige Zustand

---

stelle (18. März 1802), die auf eine Arbeit am "Amphitryon" hinweisen soll.
"Die Erbitterung der Schweizer gegen diese Affen der Vernunft ist so gross, dass jede andere Leidenschaft weicht, und dass die heftigsten Köpfe der Parteien durch den Würfel entscheiden lassen, wer sich in Meinung des andern fügen soll, bloss um, wie schmollende Eheleute, sich gegen den Dieb zu wehren, der einbricht."
(H. M. Wolff, Heinrich von Kleist, Bern 1954, S. 169.)

scheint mir so verächtlich, und würde mich so unglücklich machen, dass
mir der Tod bei weitem wünschenswerter wäre.
.....
Bist Du nicht ein freies Mädchen, so wie ich ein freier Mann? Welcher anderen Herrschaft bist Du unterworfen, als allein der Herrschaft der Vernunft?
Aber dieser sollst Du Dich auch vollkommen unterwerfen. Etwas muss dem
Menschen heilig sein. ..... wer sichert uns aber unser inneres Glück zu,
wenn es die Vernunft nicht tut?"[1]

Doch schon bald soll sich dieser naive Glauben eines aufklärerischen Eudä-

monismus zerschlagen. Kleist begegnet der Kantischen Philosophie, dieser

"kopernikanischen Wendung" im Denken des Abendlandes. Mit der ihm eigenen

Absolutheit interpretiert er diese Lehre und sieht sie aus seiner eigenen existen-

tiellen Perspektive; die Kategorie des Transzendentalen ist ihm fremd, und so

wird diese Lektüre für ihn zu dem zerstörenden Erlebnis in seinem Leben.

Die Bildung, ein Grundpfeiler, worauf sein Glück ruhte,[2] ist jetzt - wenig-

stens seinem Verständnis von Kant nach - ihres Fundamentes beraubt; der Ver-

stand hat sich als unfähig erwiesen zu unterscheiden, "ob das, was wir Wahrheit

nennen, wahrhaft Wahrheit ist, oder ob es nur so scheint."[3] Verzweifelt schreibt

er in Briefen an seine Braut und an seine Schwester:

"Mein einziges, mein höchstes Ziel ist gesunken, und ich habe nun keines
mehr -"
.....
"Ach, es ist der schmerzlichste Zustand ganz ohne ein Ziel zu sein, nach
dem unser Inneres, frohbeschäftigt, fortschreitet -"[4]

Es soll hier nicht der Eindruck erweckt werden, Kleist sei bis jetzt einzig

einem vertrauensvollen Rationalismus der Aufklärung verpflichtet gewesen; dazu

ist die Zeit schon zu weit fortgeschritten, und die Gegenbewegung des Sturm und

Drang macht jenen Ideen den Platz streitig. Die Werke Goethes und Rousseaus

sind ihm durchaus bekannt. In ihnen findet er schon vor der Kantkrise jene Gegen-

kraft des Gefühls gestaltet, die den alleinigen Herrschaftsanspruch der Vernunft

1 Für Ulrike von Kleist, (Frankfurt a.d.Oder, Mai 1799).
  Sembdner, Geschichte meiner Seele, S. 32ff.
2 Vgl. schon im Brief vom 10. Okt. 1800 an Wilhelmine von Zenge:
  "Liebe und Bildung das ist alles, was ich begehre ..."
  Ges.Ausg. II, S. 574.
3 An Wilhelmine von Zenge, Berlin, den 22. März 1801.
  Sembdner, Geschichte meiner Seele, S. 175.
4 Ib., S. 175.
  Beinahe wörtliche Wiederholung im Brief an seine Schwester Ulrike
  vom 23. März 1801, a.a.O., S. 178.

in Frage stellt. Dieser Dualismus zeigt sich bereits in den ersten Briefen an seine Braut:

> (Kleist schreibt hier, er sei noch nicht entschlossen, für welches Amt er sich bilden wolle.)
> "Ich wäge die Wünsche meines Herzens gegen die Forderungen meiner Vernunft ab."
> . . . . .
> "Nein, nein, Wilhelmine, nicht die Rechte will ich studieren, nicht die schwankenden ungewissen, zweideutigen Rechte der Vernunft will ich studieren, an die Rechte meines Herzens will ich mich halten, und ausüben will ich sie, was auch alle Systeme der Philosophen dagegen einwenden mögen."[1]

Und einige Wochen vorher schreibt er an seine Schwester Ulrike aus Frankfurt, wo er nach den Jahren des Soldatenstandes das Studium begonnen hat:

> "Bei dem ewigen Beweisen und Folgern verlernt das Herz fast zu fühlen; und doch wohnt das Glück nur im Herzen, nur im Gefühl, nicht im Kopfe, nicht im Verstande. Das Glück kann nicht, wie ein mathematischer Lehrsatz bewiesen werden, es muss empfunden werden, wenn es da sein soll."[2]

Es ist also durchaus nicht so, dass für Kleist allein durch die Lektüre Kants das Streben nach Bildung und die Beschäftigung mit den Wissenschaften als Lebensziele zusammenbrechen; fragwürdig ist ihm diese "zyklopische Einseitigkeit" schon zur Zeit seines Studiums geworden, und bald darauf wendet er sich angeekelt von der trockenen Vielwisserei der Gelehrten ab.[3] Was aber in der Kantkrise zum zerstörerischen Erlebnis wird, ist die Erkenntnis, dass mit der Relativierung der Verstandeskräfte dem Menschen die Möglichkeit genommen wird, die Wahrheit mit dem Anspruch auf Absolutheit überhaupt zu erkennen. Damit ist für ihn nicht nur Bildung oder Wissenschaft ins Wanken geraten; die Folgen sind viel tiefgreifender. Wenn für Kleist die Wahl eines Amtes oder die Beschäftigung mit der Wissenschaft, was für andere eine Sache der Familientradition, lukrativer Erwägungen oder persönlicher Neigung gewesen sein mag, eine viel tiefere Dimension erhält, wenn er diesen Entschluss viel ernsthafter bedenkt, ihn weiter vorantreibt, sodass aus der

---

1 An Wilhelmine von Zenge, (Frankfurt a. d. Oder, Anfang 1800).
  Ges. Ausg. II, S. 503 und 504.
2 An Ulrike von Kleist, Frankfurt a. d. Oder, den 12. Nov. 1799.
  Ges. Ausg. II, S. 494.
3 "Diese Menschen (der gelehrten Welt) sitzen sämtlich wie die Raupe auf einem Blatte, jeder glaubt seines sei das beste, und um den Baum bekümmern sie sich nicht."
  An Ulrike von Kleist, Berlin, den 5. Februar 1801.
  Ges. Ausg. II, S. 628.

gesellschaftlichen schliesslich eine existentielle Frage wird, ja, wenn die
Frag-würdigkeit von Amt und Wissenschaft zuletzt auf die beiden Grundfragen von
Metaphysik und Ethik "Was kann ich wissen?", "Was soll ich tun?" zurückgeht,
dann darf man in der Kantkrise nicht nur die Erschütterung eines aufklärerischen
Bildungsideals sehen, vielmehr wird damit die Möglichkeit einer sinnerfüllten
Existenz überhaupt in Frage gestellt. Wissen und Handeln, zwei Grundmöglich-
keiten menschlichen Daseins, sind beide so eng miteinander verknüpft - ja, ein
Handeln ohne zu wissen ist praktisch undenkbar -, dass, wenn die Sicherheit für
das Bewusstsein, die Wirklichkeit zu erkennen, fehlt, dem Menschen die Welt zum
Rätsel wird, dass er sich heimatlos darin ausgesetzt sieht, unfähig, mit Gewiss-
heit zu erkennen und infolgedessen auch unfähig zu handeln.

Wir haben aus den zitierten Briefstellen gesehen, wie Kleist schon ein Jahr
vor der Kantlektüre dem kalten, sterilen Wissen die "Rechte des Herzens" gegen-
überstellte. Auch noch im Januar 1801 hebt er in einem bewundernd schwärmerischen
Porträt seines Freundes Brockes dessen Maxime "Handeln ist besser als Wissen"
hervor. [1] Und etwas später, in einem Brief an seine Schwester Ulrike, nimmt er
dieses Thema wieder auf:

> "Selbst die Säule, an welcher ich mich sonst in dem Strudel des Lebens
> hielt, wankt - - Ich meine, die Liebe zu den Wissenschaften. - Aber wie
> werde ich mich hier wieder verständlich machen? - Liebe Ulrike, es ist ein
> bekannter Gemeinplatz, dass das Leben ein schweres Spiel sei; und warum
> ist es schwer? Weil man beständig und immer von neuem eine Karte ziehen
> soll und doch nicht weiss, was Trumpf ist; ich meine darum, weil man be-
> ständig und immer von neuem handeln soll und doch nicht weiss, was recht ist.
> Wissen kann unmöglich das Höchste sein - handeln ist besser als wissen." [2]

Möglicherweise haben wir schon hier den Anfang der Krise, auch wenn der
Name Kants in diesem Brief nirgends genannt wird. Der Verstand erweist sich
als untauglich, die Wahrheit zu erkennen, die Welt wird zum Rätsel für den Menschen, der "handeln soll und doch nicht weiss, was recht ist". Und so wankt jetzt
nicht nur die Säule der Wissenschaft, wo der Verstand die Wahrheit verbürgte,
auch die Wirklichkeit ist nicht mehr erkennbar, und schliesslich kann selbst die

---

1 An Wilhelmine von Zenge, Berlin, 31. Januar 1801.
   Sembdner, Geschichte meiner Seele, S. 162.
2 An Ulrike von Kleist, Berlin, 5. Februar 1801.
   Sembdner, a. a. O., S. 170f.

gewichtigste Frage nach der ihm eigenen, von Gott aufgetragenen Aufgabe für Kleist nicht mehr gelöst werden, weil nun ein Werkzeug, diese zu erkennen, fehlt.

Noch in einem Brief vom Herbst 1800 finden wir das gläubige Vertrauen, mit Hilfe der Vernunft die Aufgabe des Lebens zu erkennen und sie auch zu erfüllen:

> "Aber die Bestimmung unseres irdischen Daseins, die können wir allerdings unzweifelhaft herausfinden, und diese zu erfüllen, das kann daher die Gottheit auch wohl mit Recht von uns fordern."[1]

Nach der Kantkrise aber ist diese Gewissheit erschüttert. Die göttliche Bestimmung ist jetzt für den Menschen nicht mehr erkennbar, die Gottheit ist zum Deus absconditus geworden.

> "O wie unbegreiflich ist der Wille, der über die Menschengattung waltet!.....
> Ja, wahrlich, wenn man überlegt, dass wir ein Leben bedürfen, um zu lernen, wie wir leben müssten, dass wir selbst im Tode noch nicht ahnden, was der Himmel mit uns will, wenn niemand den Zweck seines Daseins und seine Bestimmung kennt, wenn die menschliche Vernunft nicht hinreicht, sich und die Seele und das Leben und die Dinge um sich zu begreifen, wenn man seit Jahrtausenden noch zweifelt, ob es ein Recht gibt -- kann Gott von solchen Wesen Verantwortlichkeit fordern?"[2]

Aus dieser Not am Leben, aus dieser Geworfenheit, um mit Heidegger zu reden, erwächst nun Kleist eine neue rettende Kraft: Anfang 1802 vollendet er sein erstes Drama, die "Familie Schroffenstein". Zwar bedeutet die Dichtung für ihn weder das Auffinden einer neuen Sicherheit des Daseins noch die Flucht in eine ideale Traumwelt. Aber indem er die Undurchdringbarkeit der Wirklichkeit, die Unmöglichkeit für den Menschen, den Willen Gottes zu erkennen, gestaltet, vermag er die eigene drängende Not sich vom Leibe zu schreiben; indem er die Gestalten seines Dramas scheitern und untergehen lässt, rettet er sich selbst vor dem Untergang. Dieses "schwärzeste" Drama Kleists zeigt deutlicher als alle Briefe, wie sein Leben nach der Kantkrise ausgesehen hat, ja, es ist eigentlich sein gestaltetes Leben; Leben nicht im Sinne von Erlebnissen, die in die Dichtung Eingang gefunden haben, sondern in der ganzen Schwere jener Fragen an das Ich "Was kann ich wissen?", "Was soll ich tun?". Und so spricht in Sylvesters verzweifeltem Ausruf "Gott der Gerechtigkeit! / Sprich deutlich mit dem Menschen, dass ers weiss / auch, was er soll!"[3] seine ureigenste Seelenqual.

---

1 Beilage zum Brief vom 13.-18. September 1800 an Wilhelmine von Zenge. Sembdner, a.a.O., S. 101.
2 An Wilhelmine von Zenge, Paris, 15. August 1801. Sembdner, a.a.O., S. 226 und 227.
3 "Die Familie Schroffenstein", Vers 2609ff. Ges. Ausg. I, S. 147.

Wie nun Kleist seine Berufung - die er vielleicht noch nicht als solche erkannt haben mag - erfährt, lehnt er es sogleich mit der Absolutheit seiner "inneren
Vorschrift" ab, diese auch zu seinem Beruf zu machen:

> "... wenn ich mich an das Bücherschreiben machen wollte, so könnte ich
> mehr, als ich bedarf, verdienen. Aber Bücherschreiben für Geld - o nichts
> davon. Ich habe mir ... in einsamer Stunde ein Ideal ausgearbeitet; aber
> ich begreife nicht, wie ein Dichter das Kind seiner Liebe einem so rohen
> Haufen, wie die Menschen sind, übergeben kann. Bastarde nennen sie es.
> Dich wollte ich wohl in das Gewölbe führen, wo ich mein Kind, wie eine
> vestalische Priesterin das ihrige, heimlich aufbewahre bei dem Schein der
> Lampe. - Also aus diesem Erwerbszweige wird nichts. Ich verachte ihn
> aus vielen Gründen, das ist genug. Denn nie in meinem Leben, und wenn
> das Schicksal noch so sehr drängte, werde ich etwas tun, das meinen innern
> Forderungen, sei es auch noch so leise, widerspräche." [1]

Es muss festgehalten werden: Mit dem Erstling von Kleists Dichtung ist für
ihn die Welt noch nicht verständlicher geworden; was ihm aber gelingt, ist eine
gewisse Objektivierung, ein Gestalten des Problems im Werk. Und damit gewinnt
er auch die notwendige Distanz, um für eine Weile Atem zu schöpfen.

Erst im Laufe der Zeit findet Kleist einen neuen Weg, der zu einem Erkennen-
Können der verrätselten Welt, zu einer gewissen Sicherheit in dieser "gebrechlichen Einrichtung" führt. Wir haben schon in den frühen Briefen aus der Zeit der
Rousseau-Lektüre gesehen, wie dem kalten Verstand, dem Bereich der Diskursivität, die Macht des Gefühls entgegengesetzt wurde. Dieses Gefühl gewinnt jetzt,
nachdem in der Kantkrise mit dem Verstand der Garant der Wahrheit gefallen ist,
allmählich Erkenntnischarakter. Allerdings hat es nicht den gleichen Gehalt wie
noch in der Epoche der Empfindsamkeit oder wie etwa im allgemeinen Verständnis
der Psychologie. Vielmehr entspringt es dem tiefsten Seinsgrund des Menschen.
Und dies nicht analog der "Idee" im Idealismus, die ihren letzten Grund in einem
Allgemeinen, in Gott, hat; nein, Kleists "Gefühl" ist die dem einzelnen Ich allein
zugehörige Kraft, mit der es die Gewissheit von Ich, Du und Welt gewinnt. Allerdings wird diese Gewissheit nur dem Ich, das sein Wesen gefunden hat und sich
selbst treu bleibt. Andernfalls ist der Mensch ausser sich im eigentlichen Sinn

---

1 An Wilhelmine von Zenge, Paris, den 10. Oktober 1801.
  Ges. Ausg. II, S. 694.
  Kleist lehnt hier den Dichterberuf so entschieden ab, weil er - nach dem Spruch
  der persischen Magier, es gebe für den Menschen nichts Gott Wohlgefälligeres
  zu tun, als "ein Feld bebauen, einen Baum zu pflanzen und ein Kind zu zeugen"
  (im gleichen Brief S. 694) - sich entschlossen hat, Bauer zu werden und sich in
  der Schweiz Land und Hof zu kaufen. In diesem Brief versucht er auch, die
  Braut von seinem Vorhaben zu überzeugen und sie zum gemeinsamen Glück des
  Landlebens zu überreden.

des Wortes, so wie Amphitryon sich plötzlich vom Ich, vom Du und von der Welt ausgesperrt sieht. Dem Ich, das er durch die Rüstung des Krieges, durch den Sieg über seinen Feind, gesichert glaubte, tritt das wesenhafte Ich entgegen; das Du, das er durch das Gesetz der Ehe sich zugehörig wähnte, verliert er an den Doppelgänger; die Burg, die Schutzwehr gegen die feindliche Wirklichkeit, versagt ihm, ihrem eigenen Herrn, den Zugang und schliesst ihn selbst aus.

Doch ist diese Gefühlssicherheit nicht die einstige - scheinbare - Gewissheit, wie sie die Aufklärung mit der starken Festung von Verstand und Vernunft gab. Das Gefühl ist stets gefährdet, stets kann die "Goldwaage der Empfindung" von den Zeichen der Wirklichkeit scheinbar Lügen gestraft werden. Und nur dann, wenn der Mensch dieses Letzte wagt, wenn er in einem existentialen Glaubensakt allen Gegenbeweisen der Wirklichkeit standhält und seinem innersten Gefühl vertraut, dann vermag er jene gläubige Gewissheit zu erlangen, die ihn in einer verrätselten Welt nicht scheitern lässt.

Aber der Weg ist lang, bis Kleist vom Irrtum, vom Ver-sehen der "Familie Schroffenstein", zu jener Verherrlichung, zu einem Hohelied auf das Gefühl, gelangt:

> "Bewahre deine Sinne vor Verzweiflung! türme das Gefühl, das in deiner Brust lebt, wie einen Felsen empor: halte dich daran und wanke nicht, und wenn Erd und Himmel unter dir und über dir zu Grunde gingen!"[1]

Diese Grundfrage nach dem Vermögen zu erkennen und zu handeln ist es, die Leben und Werk aufs engste miteinander verbindet. Und so wird aus der Verzweiflung am Leben in der Dichtung die Lösung gefunden; hier wird die Antwort gestaltet und gelebt: Das "innerste Gefühl" vermag sich gegen die scheinbar unwiderlegbaren Argumente der täuschenden Wirklichkeit zu behaupten, und die Suche nach der ihm eigens aufgetragenen Aufgabe findet ihr Ziel in der Berufung zum Dichter, zum Vates, wie dies Kleist im hymnischen "Gebet des Zoroaster" aufs schönste bekennt:

> "Nun lässest du es, von Zeit zu Zeit, niederfallen, wie Schuppen, von dem Auge eines deiner Knechte, den du dir erwählt, dass er die Torheiten und Irrtümer seiner Gattung überschaue; ihn rüstest du mit dem Köcher der Rede, dass er, furchtlos und liebreich, mitten unter sie trete, und sie mit Pfeilen, bald schärfer, bald leiser, aus der wunderlichen Schlafsucht, in

---

1 "Der Zweikampf" (Entstehung im Sommer 1811).
   Ges. Ausg. II, S. 253f.

welcher sie befangen liegen, wecke, Auch mich, o Herr, hast du, in deiner
Weisheit, mich wenig Würdigen, zu diesem Geschäft erkoren; und ich schicke
mich zu meinem Beruf an."[1]

Daneben finden wir einzelne Motive - im engen Zusammenhang mit der eben

beschriebenen Grundhaltung -, die aus den Briefen, aus dem "selbstgeschriebenen

Kommentar zu seinem Leben"[2], ins spätere Werk übernommen werden. Ein sol-

ches Hauptmotiv ist die Vertrauensleistung. In den Briefen an seine Braut und an

seine Schwester Ulrike wiederholt Kleist mit seiner exzessiven Ueberempfindlich-

keit immer wieder, man möge ihm doch Vertrauen schenken.

> "Ich will nicht sagen, dass Sie mich lieben müssten, weil ich Sie liebe;
> aber vertrauen müssen Sie sich mir, weil ich mich Ihnen unbegrenzt ver-
> traut habe.
> .....
> Und was könnte Sie wohl bewegen, die erste Bedingung der Liebe, das Ver-
> trauen zu verletzen? ... Vertrauen und Achtung, das sind die beiden unzer-
> trennlichen Grundpfeiler der Liebe, ohne welche sie nicht bestehen kann;
> denn ohne Achtung hat die Liebe keinen Wert und ohne Vertrauen keine
> Freude."[3]

> "Vergiss nicht, liebes Mädchen, was Du mir versprochen hast, unwandel-
> bares Vertrauen in meine Liebe zu Dir, und Ruhe über die Zukunft."[4]

> "Denke nicht darüber nach, und halte Dich, wenn die Unmöglichkeit, mich
> zu begreifen, Dich beunruhigt, mit blinder Zuversicht an Deinem Vertrauen
> zu meiner Redlichkeit, das Dich nicht täuschen wird, so wahr Gott über mich
> lebt."[5]

Was Kleist von seinen Mitmenschen unumschränkt fordert, kann er selbst

nicht leisten; Unsicherheit, Zweifel und Misstrauen machen es ihm unmöglich, die

Gewissheit des Vertrauens zu erlangen. Die folgende Briefstelle mag mit ihrer

unfreiwilligen Komik zeigen, wie Kleist sein eigenes gelobtes Vertrauen im glei-

chen Satz Lügen straft:

> "Ich habe ein unumschränktes Vertrauen zu Dir, und darum verschweige ich
> Dir nichts, was zu verschweigen nicht notwendig ist."[6]

---

1 "Gebet des Zoroaster" (Am 1. Okt. 1810 in den "Berliner Abendblättern"
  erschienen).
  Ges. Ausg. II, S. 325f.
2 Nach Minde-Pouet.
3 An Wilhelmine von Zenge, (Frankfurt a. d. Oder, Anfang 1800).
  Ges. Ausg. II, S. 502f.
4 An dieselbe, Pasewalk, den 20. August 1800.
  Ges. Ausg. II, S. 523.
5 An Wilhelmine von Zenge, Dresden, den 3. September 1800.
  Ges. Ausg. II, S. 543.
6 An Ulrike von Kleist, Coblentz bei Pasewalk, den 21. August 1800.
  Ges. Ausg. II, S. 525.

Das Vertrauen, die Brücke vom Ich zum Du, wird nun in Kleists Dichtung zum konstitutiven Element. In den Novellen und Dramen treffen wir Gestalten, an die der Anspruch des Vertrauens gestellt wird und die, je nachdem, ob sie sich auf ihr "innerstes Gefühl" verlassen oder nicht, die Feuerprobe allen Zeichen der Wirklichkeit zum Trotz bestehen oder aber untergehen. Auch in unserem Stück ist dies ein zentrales Motiv, und wir werden sehen, wie sowohl Alkmene als auch Amphitryon diese Prüfung zu bestehen haben.

Was im weiteren Leben und Werk verbindet, ist die Gestalt der Frau, jedoch nicht einer Frau aus Kleists Leben, die später in der Dichtung verherrlicht würde. Das Gegenteil ist der Fall; Kleist verwechselt Leben und Werk. Das Du wird nicht in seinem Sosein geachtet und liebend angenommen, um so in der Liebe, diesem, wie Rilke sagt, "letzten Geheimnis der Personwerdung", sein wesenhaftes wahres Ich vom geliebten Gegenüber zu empfangen. In diesem wechselseitigen Sich-Schenken, wo mit dem Ich auch das Du gegeben wird, hier vermag das Ideal in die Wirklichkeit einzugehen und da auch Dauer zu erlangen. Kleist aber setzt zuerst das Ideal, nach dem er nun seine Braut eifrigst zu bilden bemüht ist, um ihr dann einst, wenn sie zum Bilde geworden, die glühendste und innigste Liebe und Verehrung darbringen zu können.

Dieser Eifer, den Menschen zu einem Ideal hin zu bilden, zeigt sich schon in den Schulstunden mit seiner Schwester Ulrike und Wilhelmine von Zenge, seiner späteren Braut, wo der junge Lehrmeister vom selbstgebastelten Katheder herunter seine Schülerinnen der Wahrheit der Wissenschaften näher zu bringen sucht. Auch nach der Verlobung mit Wilhelmine ist es sein erstes Anliegen, aus ihr, aus einem Mädchen von Fleisch und Blut, das abstrakte Ideal, wie es die Aufklärung gesehen haben mag, zu formen.

"Ja, Wilhelmine, wenn Du mir könntest die Freude machen, immer fort-
zuschreiten in Deiner Bildung mit Geist und Herz, wenn Du es mir gelingen
lassen könntest, mir an Dir eine Gattin zu formen, wie ich sie für mich,
eine Mutter, wie ich sie für meine Kinder wünsche, erleuchtet, aufgeklärt,
vorurteillos, immer der Vernunft gehorchend, gern dem Herzen sich hin-
gebend - ..."[1]

"Ich werde Dir die Gattin beschreiben, die mich jetzt glücklich machen kann - -
und das ist die grosse Idee, die ich für Dich im Sinne habe. Das Unternehmen
ist gross, aber der Zweck ist es auch. Ich werde jede Stunde, die mir meine

---

[1] An Wilhelmine von Zenge, Würzburg, den 15. September 1800.
Ges. Ausg. II, S. 564f.

künftige Lage übrig lassen wird, diesem Geschäfte widmen. Das wird meinem
Leben neuen Reiz geben, und uns beide schneller durch die Prüfungszeit führen
die uns bevorsteht. In fünf Jahren, hoffe ich, wird das Werk fertig sein.
Fürchte nicht, dass die beschriebene Gattin nicht von Erde sein wird, und
dass ich sie erst in dem Himmel finden werde. Ich werde sie in 5 Jahren auf
dieser Erde finden und mit meinen irdischen Armen umschliessen -
. . . . .
Wenn Du es ahnden könntest, wie der Gedanke, aus Dir einst ein vollkommnes
Wesen zu bilden, jede Lebenskraft in mir erwärmt, jede Fähigkeit in mir bewegt, jede Kraft in mir in Leben und Tätigkeit setzt !"[1]

Noch deutlicher zeigt sich Kleist als Pygmalion, wie er seiner Braut in einem
Brief gesteht:

"Wahrlich, wenn ich Dich nicht hätte, und reich wäre, ich sagte à dieu à
toutes les beautés des villes. Ich durchreisete die Gebirge, besonders die
dunkeln Täler, spräche ein von Haus zu Haus, und wo ich ein blaues Auge
unter dunkeln Augenwimpern, oder bräunliche Locken auf dem weissen
Nacken fände, da wohnte ich ein Weilchen und sähe zu, ob das Mädchen auch
im Innern so schön sei, wie von aussen. Wäre das, und wäre auch nur ein
Fünkchen von Seele in ihr, ich nähme sie mit mir, sie auszubilden nach
meinem Sinn. Denn das ist nun einmal mein Bedürfnis; und wäre ein Mädchen
auch noch so vollkommen, ist sie fertig, so ist es nichts für mich. Ich selbst
muss es mir formen und ausbilden, sonst fürchte ich, geht es mir, wie mit
dem Mundstück an meiner Klarinette. Die kann man zu Dutzenden auf der
Messe kaufen, aber wenn man sie braucht, so ist kein Ton rein."[2]

Wenn Kleist in dieser Zeit seine Braut nur als passives Objekt sieht, als den
willfährigen Stoff, der unter seinen Händen zum Geschöpf gebildet wird, das den
Glanz seines Schöpfers widerspiegelt, so legt er später seine ganze sinnliche
Leidenschaft in die Gestalten seines Werks; dort leistet er den Bezug, der ihm
beim Menschen versagt blieb. Wenn das Versehen in der "Familie Schroffenstein"
den scheusslichen Mord der verblendeten Väter an ihren eigenen Kindern zur Folge
hat, so wird es bei Kleist zu dem tragischen Irrtum, der sein Leben bestimmt. In
dieser Vergewaltigung des Menschen zum Ideal verfehlt er den Bezug vom Ich zum
Du; deshalb wird ihm die Liebe, weil das Gegenüber fehlt - oder vielmehr verkannt
wird -, unmöglich.

Damit setzt sich Kleist auf jene Insel der Einsamkeit aus, von wo er sein
ganzes Leben lang verzweifelt den Rückweg in die Wärme der Gemeinschaft, zur
Liebe zu einem Du, sucht. Was ihm nicht gelingt, lässt er die Gestalten in seinem
Werk erleben; nach der Feuerprobe des Vertrauens dürfen sie im geliebten Men-

---

1 An Wilhelmine von Zenge, Würzburg, den 10. Oktober 1800.
  Ges. Ausg. II, S. 576f.
2 An Wilhelmine von Zenge, Lungwitz, (den 5. September 1800).
  Ges. Ausg. II, S. 549.

schen die Gewissheit von Ich, Du und Welt erfahren. Dieser Verlust des Bezugs zu einem menschlichen Gegenüber aber mag wohl fast immer - mit mehr oder weniger Strenge empfunden - das Opfer sein, das das Werk unerbittlich von seinem Schöpfer fordert.

Einschränkend muss jedoch gesagt werden, dass in den Briefen der Frau schon sehr früh auch eine gewisse Selbständigkeit zugestanden wird; sie ist nicht mehr eine "creatio ex nihilo", sondern "die Anlagen zu jedem Vortrefflichen" sind schon in ihr vorhanden. Kleists schöpferischer Drang beschränkt sich nun darauf, nur "zu entwickeln, was die Natur hineinlegte."[1]

Später dann, besonders aber nach der Kantkrise, gewinnt die Frau mit ihrer "himmlischen Güte des Herzens" immer mehr Eigenständigkeit; sie wird zum Wesen, das nun neben dem Mann bald sicherer und unfehlbarer seine Aufgabe erkennen und erfüllen kann. Sehr schön zeigt der Vergleich der folgenden beiden Briefstellen, wie aus einer weiblichen Tugend das Kennzeichen für das Wesen der Frau schlechthin wird.

"...aber es gibt eine himmlische Güte des Weibes, alles, was in ihre Nähe kommt, an sich zu schliessen, und an ihrem Herzen zu hegen und zu pflegen mit Innigkeit und Liebe, wie die Sonne (die wir darum auch Königin nennen, nicht König) alle Sterne, die in ihren Wirkungsraum schweben, an sich zieht mit sanften unsichtbaren Banden, und in frohen Kreisen um sich führt, Licht und Wärme und Leben ihnen gebend - aber das lässt sich nicht anlernen."[2]

"...den Mann erkennt man an seinem Verstande; aber wenn man das Weib nicht an ihrem Herzen erkennt, woran erkennt man es sonst? Ja, es gibt eine gewisse himmlische Güte, womit die Natur das Weib bezeichnet hat, und die ihm allein eigen ist, alles, was sich ihr mit einem Herzen nähert, an sich zu schliessen mit Innigkeit und Liebe: so wie die Sonne, die wir darum auch Königin, nicht König nennen, alle Weltkörper, die in ihrem Wirkungsraum schweben, an sich zieht mit sanften unsichtbaren Banden, und in frohen Kreisen um sich führt, Licht und Wärme und Leben ihnen gebend, bis sie am Ende ihrer spiralförmigen Bahn an ihrem glühenden Busen liegen -"[3]

---

1 Vgl. dazu den Brief an Wilhelmine von Zenge vom 15. September 1800, Ges. Ausg. II, S. 565.
Eine ähnliche Stelle findet sich im Brief vom 10. Okt. 1800, a. a. O., S. 576, wo Kleist das Bild seiner künftigen Gattin mit einem "Erz mit gediegenem Golde" vergleicht, bei dem ihm lediglich noch die "metallurgische Scheidung" aufgetragen bleibe.
2 An Wilhelmine von Zenge, Würzburg, den 20. September 1800.
Sembdner, Geschichte meiner Seele, S. 110f.
3 An Karoline von Schlieben, Paris, den 18. Juli 1801.
A. a. O., S. 200.

Und so begegnen wir später dieser Frauengestalt in Kleists Werk wieder, die, wie die Sonne in ihrer eigenen Schönheit und Sicherheit ruhend, Licht, Leben und Wärme verschenkt: das 15-jährige Mädchen, das noch vor dem Sündenfall der Erkenntnis im Stande der Unschuld ist, Alkmene, deren Reiz Jupiter auf Erden lockt und die mit ihrer Lieblichkeit und Treue selbst die Kunst der Götter zum Scheitern bringt.

Aber auch dies, wie Kleist das Wesen von Mann und Frau unterscheidet, finden wir später in seiner Dichtung wieder. Die Frau vermag mit der "alten geheimnisvollen Kraft des Herzens" ihrer Aufgabe gerecht zu werden, während der Mann, "den man an seinem Verstande erkennt", durch die häufig sich widersprechen den Verpflichtungen für Staat und Gattin, für die Welt der Diskursivität und der Liebe, in Konflikt gerät. [1]

Das Motiv des Verhörs, ein beliebtes und häufig verwendetes Element in Kleists Dichtung, reicht ebenfalls in die Zeit des Briefwechsels mit seiner Braut zurück. Wir haben gesehen, wieviel für Kleist Bildung bedeutet und wie er seine künftige Gattin mit allen Mitteln diesem Ideal näher zu bringen sucht. So legt er manchmal den Briefen auf einem gesonderten Bogen sogenannte "Denkübungen" bei. Diese enthalten eine Reihe von Fragen, die seine Braut dann in Aufsätzen zu beantworten hat. [2]

In dieser Seeleninquisition versucht der bildungsgläubige Pygmalion das wahre Wesen, das Ideal, aus seiner Braut herauszufragen; es ist ein quälerisches Verhören, ein Rechenschaft-ablegen-Müssen über das Ich, wie es auch fast alle Gestalten in unserem Stück erleiden. Ebenso führt Jupiter, in der Gestalt Amphitryons, Alkmene verschiedene Situationen vor Augen, wobei sie nun entscheiden soll, wie sie sich dabei jeweils verhalten würde. Wenn Kleists Braut durch die Beantwortung jener Denkaufgaben zu einer gebildeten aufgeklärten Frau werden sollte, so legt in unserem Stück das Fragen Jupiters Alkmenes wahres Wesen, ihre Sicherheit des innersten Gefühls, frei. Aber schon vorher, auf der Ebene des Faktischen, des Diskursiven, verhört Amphitryon - diesmal der Feldherr - seine Gattin über die nächtliche Rückkehr "Amphitryons". Und diese Szene wiederum findet ihre parodistische Vorwegnahme, wie Amphitryon seinen scheinbar ungetreuen Diener Sosias über dessen Begegnung mit seinem Doppelgänger verhört (II/1).

1 Vgl. dazu die Briefe an Wilhelmine von Zenge vom 30. Mai und 16. September 180 Ges. Ausg. II, S. 507f. und S. 315ff.;
dazu auch den zuletzt zitierten Brief an Karoline von Schlieben.
2 Vgl. dazu die Denkübungen in der Ges. Ausg. II, S. 508 - 513 oder auch den Brief an Wilhelmine von Zenge vom 30. Mai 1800, a.a.O., S. 505ff.

Aber auch im "Käthchen von Heilbronn" begegnen wir dem Verhör im Feme-
gericht wieder, und der "Zerbrochene Krug" ist sogar im ganzen als Verhör, als
eine Gerichtsverhandlung, gestaltet.

Was ebenfalls Leben und Werk aufs engste miteinander verbindet, ist Kleists
Verhältnis zur Sprache. Es wurde bereits erwähnt, wie er bei Schwester und Braut
inständig und selbstquälerisch immer wieder seine Bitte um Vertrauen wieder-
holte. Das war für ihn nicht nur eine Versicherung der Zuneigung und des Verständ-
nisses auch bei Handlungsweisen, deren Motive für die Nächststehenden unverständlich waren, sondern er fühlte, wie für ihn die Sprache selbst als Medium der Mitteilung brüchig geworden war. Sie vermochte nicht mehr eigenes Denken und
Fühlen dem andern mitzuteilen; und so blieb nur das Vertrauen, die Sicherheit
ohne zu wissen, als einzige Verbindung vom Ich zum Du.

Kleist selbst schreibt in einem Brief an Ulrike verzweifelt über seine "Sprachlosigkeit":

> "Ich weiss nicht, was ich Dir über mich unaussprechlichen Menschen sagen
> soll. - Ich wollte ich könnte mir das Herz aus dem Leibe reissen, in diesen
> Brief packen, und Dir zuschicken."[1]

Diese radikale Sprachskepsis wie auch das Scheitern des Versuchs, mit dem
Studium der Wissenschaften die Wahrheit in ihrer Absolutheit zu erkennen, haben
ihren Grund in der Kantkrise.

> "Kleist, der durch das Studium der Kantschen Philosophie in eine schwere
> Krise gestürzt wurde, insofern er nunmehr die Möglichkeit objektiver Er-
> kenntnis geleugnet sah, übertrug ganz richtig die Analyse Kants auf die
> Sprache als das Werkzeug der begrifflichen Erkenntnis und fand sich dem-
> gemäss in seinem Vertrauen auf die selbstverständliche Sicherheit sprach-
> lichen Verstehens erschüttert."[2]

Verstand und Sinne genügen dem Menschen nicht mehr, die Wahrheit zu erkennen (nach Kant ist die Sinnlichkeit das Objekt, worauf der Verstand seine Funktion
richtet), vielmehr verleiten ihn diese zu Fehlurteilen. So ist die "Familie Schroffenstein" die eigentliche Tragödie des Missverstehen und Versehens. Aber auch in
unserem Stück wird in jener köstlichen Szene (III/2) zwischen Merkur und Amphitryon die Untauglichkeit der reinen Sinnengläubigkeit des Thebanerfeldherrn aufgedeckt und lächerlich gemacht.

---

1 An Ulrike von Kleist, Leipzig, den 13. März 1803.
  Ges. Ausg. II, S. 729f.
2 Hans Heinz Holz, Macht und Ohnmacht der Sprache,
  Frankfurt a. M., Bonn 1962, S. 168.

Ja, auch die Spiegelung der Seele im Körperlichen kann trügen: "Mienen / sind schlechte Rätsel, die auf vieles passen."[1] Und sogar das "innerste Gefühl" - später ist dies für Kleist jene Kraft, die dem Menschen Sicherheit und Gewissheit allem widersprechenden Schein und allen rationalen Gründen zum Trotz zu geben vermag - verführt Eustache dazu, die von Rossitz des Mordes zu beschuldigen.[2] Doch selbst in diesem Drama gibt es die positive Gegenkraft der Liebe, die allerdings in der Welt von Misstrauen und Irrtum noch nicht zu bestehen vermag.

Damit besteht aber die tragische Situation der Vereinzelung immer noch. Die Sprache, die selbst dem Bereich der Diskursivität angehört, bleibt unvollkommen als Instrument der Mitteilung; sie vermag keine tragfähige Brücke zwischen Ich und Du zu schlagen. Es mag paradox anmuten, dass gerade Kleist, der das grösste Misstrauen gegenüber der Sprache hegt, zu ihrem grössten Beherrscher wird. Selbst ein Rilke beugt sich staunend vor dieser Sprachgewalt und gesteht: "Kleist war schön ..., da ist unsereiner nichts dagegen, so ein Piepvogel."[3] Wie in Stein gehauen erheben sich Worte und Sätze vor uns, mit eisernem Griff hält der Dichter die einzelnen Teile der vielfach überlangen Perioden, durch Appositionen und Einschübe unterbrochen, zusammen. Eine solche Sprachbeherrschung, verbunden mit einer tiefen Skepsis und Verzweiflung an der Sprache selbst, finden wir erst wieder hundert Jahre später bei Franz Kafka. Nicht zu Unrecht wird in der neueren Forschung verschiedentlich auf die enge Geistesverwandtschaft der beiden Dichter hingewiesen.[4]

Das Fehlen der intersubjektiven Gewähr der Sprache drängt den Menschen unweigerlich in die Isolierung. Sein Wort und sein Handeln sind damit dem Missverständnis ausgesetzt. Diese tiefe Skepsis Kleists mag folgende Stelle in einem Brief an Ulrike belegen:

> "Ach, Du weisst nicht, wie es in meinem Innersten aussieht. ...
> Und gern möchte ich Dir alles mitteilen, wenn es möglich wäre. Aber es ist
> nicht möglich, und wenn es auch kein weiteres Hindernis gäbe, als dieses,
> dass es uns an einem Mittel zur Mitteilung fehlt. Selbst das einzige, das wir

---

1 "Die Familie Schroffenstein", Vers 354f.
   Ges. Ausg. I, S. 63.
2 Eustache   Nun über jedwedes Geständnis geht
                    Mein innerstes Gefühl doch. -
   "Die Familie Schroffenstein", Vers 1617f., Ges. Ausg. I, S. 109.
3 An die Fürstin Marie von Thurn und Taxis-Hohenlohe, 27. 12. 1913.
   Zitiert nach Curt Hohoff, Heinrich von Kleist in Selbstzeugnissen und
   Bilddokumenten, Hamburg 1958, S. 160.
4 So bei Wilhelm Emrich, Kleist und die moderne Literatur, vier Reden zu seinem
   Gedächtnis, Jahresgabe der Heinrich-von-Kleist-Gesellschaft 1962.

besitzen, die Sprache taugt nicht dazu, sie kann die Seele nicht malen, und was sie uns gibt sind nur zerrissene Bruchstücke. Daher habe ich jedesmal eine Empfindung, wie ein Grauen, wenn ich jemandem mein Innerstes aufdecken soll; nicht eben weil es sich vor der Blösse scheut, aber weil ich ihm nicht alles zeigen kann, nicht kann, und daher fürchten muss, aus den Bruchstücken falsch verstanden zu werden."[1]

Eine Sprache, die "die Seele nicht malen kann", die immer nur Bruchstücke gibt, wird so zum Quell des Missverstehens; Sinne, die das wahre Sein der Wirklichkeit nicht zu geben vermögen, die vom Du oder der weiteren Umwelt lediglich einen trügerischen Schein vermitteln, legen den Grund zum Versehen. Dieses Unvermögen der menschlichen Erkenntnis, die fehlende Gewissheit bei jeder Kommunikation, Irrtum und Versehen werden nun in Kleists Werk thematisch.

Diese fehlende Identität von Schein und Sein - an sich das Prinzip jeder Komödie - ist auch in unserem Stück, im "Amphitryon", konstitutiv. Allerdings lebt es nicht aus der selben spielerischen Leichtigkeit und Unverbindlichkeit wie seine französische Vorlage; Kleists Gestalten erhalten mehr Gewicht und Tiefe. Was dort Gegenstand reiner Komik oder satirischer Anspielung auf soziale Missstände ist, wird hier zur existentiellen Problematik. Selbst durch die Kniffe und Streiche eines Sosias scheint die Not des Individuums, das den Bezug zur Welt - sei es auch nur eine Welt von "Wurst und Kohl" - und die Identität mit sich selbst verloren hat.

So ist es auch nicht verwunderlich, wenn die Streitfrage nach der dramatischen Gattung, ob der "Amphitryon" nun eine Komödie, eine Tragödie oder gar eine Vermischung beider Elemente, eine Tragikomödie, sei, lange Zeit die Gemüter der Gelehrten erhitzte und wohl auch künftig Stoff für weitere Auseinandersetzungen liefern wird. Wir wollen hier die Frage getrost auf sich beruhen lassen, um nicht mit einer solchen Fixierung diesem "Wesen eigner Art" Zwang anzutun. Selbst Kleists eigener Bezeichnung "ein Lustspiel nach Molière" müssen wir deshalb mit gewissem Misstrauen begegnen; bricht doch überall in dieser "Komödie" der dräuende Abgrund auf, und Schmerz und Qual der über alles menschliche Mass geprüften Gestalten können nicht einfach mit einem erlösenden Lachen oder mit dem Blick auf die Zukunft weggewischt werden.

Wie Amphitryon, der alles nur als wahr erkennt, was man "begreifen, reimen, fassen kann"[2], an seiner Verstandes- und Sinnengläubigkeit scheitert und irre wird,

---

1 An Ulrike von Kleist, Berlin, den 5. Februar 1801.
  Ges. Ausg. II, S. 626.
2 Diese Stelle (Vers 697) weist sehr schön auf die Erkenntniskräfte nach Kant hin:
  Die Sinne, die begreifen, der Verstand, der reimt und die Vernunft, die etwas
  fassen kann.

wie er durch dieses Ungenügen des Erkenntnisvermögens immer mehr "ausser sich" gerät, als Feldherr von Merkur aus seiner Burg ausgeschlossen und schliessl» von Alkmene als Gatte verleugnet, so erfährt Alkmene, bei der bis anhin Ich- und Du-Gewissheit, die Liebe zum Gatten und zu Gott, in seliger Einheit beieinander ruhten, in den Verhören mit Jupiter-Amphitryon die Qual und das Unvermögen der Sprache. Diese zwingt allein durch die ihr eigene Gesetzmässigkeit der Sukzession, im Nebeneinander zu unterscheiden, was sonst im Gefühl als innige Einheit empfunden wurde. Ihre Fragwürdigkeit und die Skepsis, die ihr Kleist entgegenbringt, liegen in ihrem Wesen selbst begründet, indem sie das rein Besondere der individuellen Sinneserfahrung in ein Allgemeines der Begriffe verwandelt; die Mehrdeutigkeit dieses Allgemeinen setzt sie aber unweigerlich der Möglichkeit des Missverstehens aus.[1] Und so sind denn auch die Dialoge zwischen Jupiter und Alkmene schillernd in ihrer vielfältigen Bedeutung und voller Doppelbödigkeit. Ja, der Schein wird gleichsam potenziert, und dem Zuschauer wird einige denkerische Leistung abverlangt, um den Sinn der Worte zu erfassen, wie etwa in jener herrlichen, tiefsinnigen Szene (II/5), die so ganz Kleists eigenstes Wesen atmet, wo Jupiter in der Gestalt Amphitryons zum zweiten Mal Alkmene besucht und sie zur Ueberzeugung bringt, jener nächtliche Eindringling, der sich als ihr Gatte genähert, sei der höchste Gott der Olympier gewesen - Jupiter also nicht nur als pantheistischer Gott, sondern auch als Doppelgänger seiner selbst!

Werfen wir bei diesem Problem des Missverstehens nochmals einen Blick auf die Struktur der Sprache. Sprache an sich gibt es ja nicht; sie ist immer schon Gesprochenes (oder Geschriebenes). Sie bewegt sich also im Dreieck zwischen Ich, Du und der Sache als der besprochenen. Somit ist sie nicht nur eine unabhängige Funktion der Begriffe, sondern das Gemeinte wird von einem Sprechenden im Sprachkörper auszudrücken versucht. Der Zuhörer seinerseits sucht nun dieses Gemeinte wieder aus der Sprache zu lösen. Damit haben wir eine Aktivität von zwei Seiten her.

Wie weit nun die Sprache diese Vermittlung zu leisten vermag, hängt weitgehend vom geistesgeschichtlichen Blickwinkel und vom eigenen Sprachverständnis ab. "Der Idealismus setzt ein Sprachverständnis voraus, das dem Wort einen metaphysischen Rang als Bekundung des Seins, und zwar eines idealen Seins, zuerkennt."

---

1 Ueber das Problem der Sprache bei Kleist gibt die bereits zitierte Untersuchung von H. H. Holz, "Macht und Ohnmacht der Sprache: Untersuchungen zum Sprachverständnis und Stil H. v. Kleists", Auskunft.
2 H. H. Holz, a. a. O. , S. 176.

Für Kleist aber ist - wie wir wissen, durch die Kantkrise verursacht - die Identität von Schein und Sein, hier also von Gemeintem und Sprachkörper, nicht mehr gegeben; die Sprache als das eigentliche Feld der Diskursivität vermag nicht mehr das vom Ich Gefühlte und Gedachte unverfälscht dem Du mitzuteilen. Bei seinen Gestalten liegt der metaphysische Ort in ihnen selbst, in ihrem innersten Gefühl begründet. Damit erhält die Sprache eine andere Aufgabe. Sie vermag jetzt, paradoxerweise, im Scheitern der Aussage das Unsagbare aufzuzeigen; gleichsam "zwischen den Zeilen" wird die Seele des Sprechenden sichtbar. Dies ist für Kleist das Primäre: das Wesen des Menschen, denn "hast du nur den Kern, / die Schale gibt sich dann als Zugab".[1] Die Möglichkeit jedoch, von der Sprache her zum Kern vorzudringen, sieht Kleist verstellt; den Bezug zum Du ermöglichen erst das Vertrauen, die Liebe, das innerste Gefühl.

Da nun die Sprache als Sinnganzes nicht mehr möglich ist, erhalten ihre Bruchstücke, wie sie durch die Zerstörung der Satzstruktur immer wieder auf den Sprechenden zurückweisen, eine tiefere Bedeutung.

Ein ganz besonderes Gewicht erhält das "einzige Wort" oder der Name. Zwar ist dies nicht mehr Sprache im eigentlichen Sinne, sondern ein Zeichen, das einen ganzen Komplex von Sinngehalten mitschwingen lässt. Aber auch der Name ist bei Kleist ambivalent. Einerseits ist er für Ottokar in seiner Liebe zu Agnes "die freundliche Erfindung / mit einer Silbe das Unendliche / zu fassen",[2] andererseits aber wird er für das Haus Rossitz - der Name "Sylvester" wird von einem vermeintlichen Mörder auf der Folter gestanden - zu dem Beweisstück, auf dem der Mordverdacht gegen Sylvester gründet. Wir sehen selbst hier: Sprache besitzt keinen Eindeutigkeitsanspruch; immer wird sie von der Sinngebung des Sprechenden und des Angesprochenen bestimmt.

Das Problem der Identität von Schein und Sein beim Namen weist aber auch weiter zum Doppelgängermotiv. Wie der Sprachkörper nicht fähig ist, das Wesen eindeutig zu geben, so kann ein, für die Sinne nicht unterscheidbar, scheinbar gleicher menschlicher Körper eine teuflische oder eine engelhafte Seele bergen - denken wir dabei an das Wortspiel mit dem Namen Colino und Nicolo und ihren beiden Trägern, dem edelmütigen Genueser Patrizier und dem teuflischen Adoptivsohn Piachis. Ebenso liebt es Kleist, seine Gestalten zum Doppelgänger ihrer selbst werden zu lassen; wir erinnern uns an den Grafen F. in der "Marquise von O.",

1 "Die Familie Schroffenstein", Vers 799f., Ges. Ausg. I, S. 79.
2 "Die Familie Schroffenstein", Vers 758ff., Ges. Ausg. I, S. 77.

den Grafen vom Strahl, Penthesilea, den Richter Adam und das Bettelweib von Locarno. Wo sich im Menschen Schein und Sein nicht mehr decken, kann es zur Identitätskrise kommen. So fällt auf, wie in den Novellen und Dramen immer wieder die Frage an sich selbst oder an die Umwelt gestellt wird: Wer bin ich? - Ausführlicher soll auf dieses Problem der Identität und des Doppelgängers jedoch erst später im Zusammenhang mit den Textstellen im "Amphitryon" eingegangen werden.

Ebenfalls in das Grenzgebiet der Sprache gehören die Interjektionen. Wenn wir Kleists Dramen daraufhin untersuchen, wird uns auffallen, wie häufig diese O!, Ach!, Nun!, Gut!, meist im Anschluss an Sprachfetzen, an Fragen oder Namen, anzutreffen sind. Sie vermögen noch besser als der Name, da sie ja überhaupt keine bestimmte Bedeutung besitzen, Träger des Unsagbaren zu werden. Stehen Interjektionen isoliert, gewinnt ihre Aussagekraft noch an Weite und Tiefe der Sinngehalte. Sie sind, wie Hans Heinz Holz sie nennt, "gleichsam Schlüssel zum Innern des Menschen".[1] Aber auch innerhalb des dramatischen Geschehens weisen sie auf eine zentrale Stelle hin. Denken wir nur etwa an das "Ach!" der Alkmene, das seit Erscheinen des Stücks Leser, Kritiker und Dichter entzückte und immer wieder aufs neue entzückt. So schreibt Rilke in einem Brief: "Und das 'Ach!' mit dem 'Amphitryon' schliesst, ist gewiss eine der köstlichsten und reinsten Stellen aller Literatur."[2]

Mit diesem beinahe materielosen Träger, wo der Seele ohne Sprache zu sprechen vergönnt ist, hat Kleist wohl die eigenen Anforderungen, die er an ein ideales Kunstwerk stellte, wie er dies im "Brief eines Dichters an einen anderen" darlegt, erfüllt:

"Sprache, Rhythmus, Wohlklang, usw., und so reizend diese Dinge auch, insofern sie den Geist einhüllen, sein mögen, so sind sie doch an und für sich, aus diesem höheren Gesichtspunkt betrachtet, nichts, als ein wahrer, obschon natürlicher und notwendiger Uebelstand; und die Kunst kann, in bezug auf sie, auf nichts gehen, als sie möglichst verschwinden zu lassen."[3]

Neben dieser Grenzmöglichkeit der Sprache versucht Kleist im Versagen der Sprache selbst, im Stammeln, Verstummen und schliesslich im Schweigen das Unsagbare sichtbar zu machen. Das Nichtausgesagte, das Wesentliche und damit das Unsagbare, das Sprache nie fassen würde, wird anvisiert, der Blick darauf ge-

---

1 H. H. Holz, a. a. O., S. 96.
2 R. M. Rilke an Kippenberg, 3. Jan. 1914.
  Helmut Sembdner, Heinrich von Kleists Nachruhm, Bremen 1967, S. 396.
3 Ges. Ausg. II, S. 348.

richtet, aber eben des Ungenügens der Sprache wegen eigentlich im Schweigen ausgesprochen.

Als Beispiel mag die folgende Stelle der Auseinandersetzung zwischen Alkmene und Amphitryon dienen, wo auch das völlig unterschiedliche Verhältnis zur Sprache bei Kleist und bei Molière - und damit natürlich auch eine gänzlich verschiedenartige Sinngebung - sehr schön ersichtlich ist.

Alkmene   Nun - hierauf -
                          Warum so finster, Freund?
Amphitryon   Hierauf jetzt -?
Alkm.   Standen
                          Wir von der Tafel auf; und nun -
Amph.   Und nun?
Alkm.   Nachdem wir von der Tafel aufgestanden -
Amph.   Nachdem ihr von der Tafel aufgestanden -
Alkm.   So gingen -
Amph.   Ginget -
Alkm.   Gingen wir - - - nun ja! 1
                          Warum steigt solche Röt ins Antlitz dir?

Die entsprechende Stelle bei Molière:

Alcmène   .....
                         Et le souper fini, nous nous fûmes coucher.
Amphitryon   Ensemble?
Alcm.   Assurément. Quelle est cette demande?
Amph. (à part) Ah! c'est ici le coup le plus cruel de tous,
                         Et dont à s'assurer trembloit mon feux jaloux.
Alcm.   D'où vient à ce mot une rougeur si grande?
                         Ai-je fait quelque mal de coucher avec vous? 2

Nicht nur die Scham und die Feinfühligkeit ihrer weiblichen Seele lassen Kleists Alkmene verstummen, nein, ihr ist es wirklich unmöglich, die Seligkeit jener "göttlichen" Liebesnacht in Sprache zu fassen. Vergleichen wir die naive Frage der Alcmène des französischen Hofs "Ai-je fait quelque mal de coucher avec vous?" mit den Worten unserer Alkmene "Gingen wir - - - nun ja!", so müssen wir gestehen, dass hier, im Verstummen, in diesen drei Gedankenstrichen und im nachträglichen Versuch des "nun ja!", mit Worten das Geheimnis zu fassen, um gleichzeitig die Unmöglichkeit des Unterfangens einzusehen und doch wieder, eben mit diesem Scheitern, auf das Unsagbare hinzuweisen, dass diese Stelle bei Kleist eine viel grössere Tiefe und Aussagekraft besitzt als die banale Direktheit der Frage im Französischen.

---

1 "Amphitryon", Vers 963-70, Ges.Ausg. I, S. 276f.
2 "Amphitryon", 1019-24, Slg. "Classiques Larousse", S. 68f.

Im weiteren bekommen auch aussersprachliche Elemente, die gänzlich ausserhalb der Diskursivität stehen, Aussagekraft und sinntragende Funktion. So erwächst noch im Zusammenhang mit der Rede - allein daraus, wie jemand spricht, ein gewisser Sinn. Dieses "wie" kann dermassen gewichtig werden, dass daneben der Inhalt der Aussage verblasst oder vergessen wird. Erinnern wir uns dabei an die Szene in der "Familie Schroffenstein"; wie dort Johann gefragt wird: "Und sprach sie nicht?", antwortet er: "Mit Tönen wie aus Glocken -".[1]

Wir haben oben bereits vom Abbrechen der Rede, vom Verstummen gesprochen. Damit ist aber für Kleist nicht die letzte Möglichkeit ausgeschöpft. Bei entscheidenden Seelenvorgängen, wo die Sprache versagt, übernehmen Gebärde, Erröten, Mienenspiel und Bewegungen ihre Aufgabe. Denken wir dabei etwa an jene einzigartige Stelle, wo sich der pestkranke Guiskard, wie er zu seinem Volk spricht, suchend umsieht und, nachdem eine Heerpauke herbeigeschafft, sich sachte auf dieser niederlässt, an das Erröten der Agnes beim Kleidertausch in der Höhle oder wie Amphitryon als einziger aller Thebaner bei der Offenbarung Jupiters aufrecht stehen bleibt.

Es ist nun noch ein letztes Mittel zu erwähnen, womit Kleist Unsagbares auszudrücken sucht. Wo die Ansprüche an Sinne, Verstand und Gefühl zu gross werden, fallen seine Helden in Ohnmacht. Es ist jedoch nicht ein Versinken im Nichts, sondern ein Kennzeichen höchster Beseeltheit, wie dies Sylvester aus der Ohnmacht erwachend feststellt:

> Denn flieht er (der Geist) gleich auf einen Augenblick,
> An seinen Urquell geht er nur, zu Gott,
> Und mit Heroenkraft kehrt er zurück.[2]

Weitere Beispiele dafür lassen sich, meist mehrmals, in jedem Drama und jeder Novelle finden.

Auch Schlaf und Traum sind Zeichen für diesen Zustand, wo der Mensch völlig mit sich eins ist, wo Schein und Sein sich decken. Erinnern wir uns an das schlafende Käthchen, das sich erst im Traum seiner Liebe überhaupt bewusst wird und sie in Sprache fassen kann.

---

1 "Die Familie Schroffenstein", Vers 301f.,
  Ges. Ausg. I, S. 61.
2 "Die Familie Schroffenstein", Vers 898ff.,
  Ges. Ausg. I, S. 82.

Wir sehen, dass die Bühnenanweisungen nicht nur Hilfsmittel für den Regisseur, sondern integrale Bestandteile der Handlung selbst sind, ja, meist besitzen sie eine spezifisch sinntragende Funktion.

Nach diesen etwas weit reichenden Ausführungen wollen wir uns dem "Amphitryon" zuwenden. Es war meines Erachtens methodisch gerechtfertigt, zunächst einmal aufzuzeigen, auf welchem Hintergrund unser Stück zu sehen ist. Damit können die Ergebnisse der folgenden Interpretation in einen bereits bestehenden Rahmen eingefügt werden, wodurch die Untersuchung an Geschlossenheit gewinnen sollte.

Die Gestalt der Alkmene ist Thema der folgenden Ausführungen. Dabei wird es jedoch nicht möglich sein, diese gänzlich isoliert, gleichsam im luftleeren Raum zu betrachten. Wie Licht und Schatten, Tag und Nacht nur in ihrer Gegensätzlichkeit Sinn und Bedeutung erhalten, so muss neben Alkmene auch ihr ehrsüchtiger Gatte, neben der Frau der Mann gesehen werden. Es gibt aber nicht nur diese Ebene der tragischen Verwirrung. Ihr tritt in der Burleske die Parodie des Tragischen gegenüber, wo die unmittelbare Wahrheit des Bauches eine herzerfrischende Entspannung von den "Gedankenübeln" gewährt.

Erst in diesen verschiedenen Relationen, erst wenn wir das Verhalten der andern Betroffenen auf den Einbruch des Aussergewöhnlichen ebenfalls kennen, können Wesen und Gestalt Alkmenes deutlich werden. Daher soll in unserer Interpretation mehrfach der Blick auf die andern Gestalten gerichtet werden, um von diesen wieder zur Hauptfigur zurückzukehren.

———

Die Szenen 1-3 des ersten Aktes, die ziemlich getreu Molière nachgebildet sind, geben die Exposition des Dramas und zwar in zweifacher Hinsicht. Einmal werden in traditioneller Weise die sechs Hauptpersonen eingeführt, und der Zuschauer erhält Aufschluss über Jupiters Besuch bei Alkmene. Im weiteren aber - und dies ist nun echt kleistisch - wird bereits hier das Thema unseres Stücks exemplarisch behandelt: der Einbruch des Ausserordentlichen in das Leben des Menschen, welcher dessen Wesen und Verhältnis zu Gott offenbar macht. [1] Damit verbunden ist die Erkenntnisproblematik: Die Erkenntniskräfte des Menschen reichen nicht aus, dieses Ausserordentliche richtig zu deuten. Und dies wiederum weist weiter zur Identitätskrise, zum Ich-Verlust.

Die zweite Szene zeigt bereits eine mögliche Reaktion auf diesen Einbruch; es ist die komische Variante des Sosias. Dieser feige, pfiffige Kerl mit seinem

---

1 Wie weit die Olympischen göttlich handeln und wie weit sie nur als Personifizierung des Schicksals zu sehen sind, soll hier noch nicht entschieden werden; die beiden möglichen Deutungen wollen wir uns jedoch im weiteren offen halten.

unverschämten Maul und seiner unbekümmerten Sorglosigkeit geht uns im Jammer um seinen zerbleuten Rücken zu Herzen. Doch trotz der unmenschlichen Tracht Prügel verlassen wir diese Welt von "Wurst und Kohl", wo das Ich, dem drohenden Stock zu entgehen, kampflos auf sich selbst verzichtet, mit einem Schmunzeln.

Jupiter, in der Gestalt des Thebanerfeldherrn, und die getäuschte Alkmene treten auf. Zärtlich und verliebt, berauscht von der "göttlichen" Liebesnacht gibt sie ihrem scheidenden "Gatten" das Geleit. Mit nicht eben gutem Gewissen bittet der Olympier, die Fackeln zu entfernen, damit nicht zu viel Licht auf den eingeschlichenen Dieb falle. Und nun antwortet ihm Alkmene mit den Worten, die unverwechselbar Kleists Gepräge haben:

> Amphitryon! So willst du gehn? Ach, wie
> So lästig ist so vieler Ruhm, Geliebter!
> Wie gern gäb ich das Diadem, das du
> Erkämpft, für einen Strauss von Veilchen hin,
> Um eine niedre Hütte eingesammelt.
> Was brauchen wir, als nur uns selbst? Warum
> Wird so viel Fremdes noch dir aufgedrungen,
> Dir eine Krone und der Feldherrnstab?[1]

Von der französischen Alcmène, die die "honneurs" des Hofes wohl zu würdigen wusste, ist nicht mehr viel zu spüren.[2] Für Kleists Alkmene ist der Ruhm vielmehr etwas Fremdes, Feindliches, das den Geliebten von ihr trennt. Auch wenn sie zugesteht, dass beim Jubel des Volkes der Gedanke, dem berühmten Feldherrn anzugehören, süss sei, schränkt sie dies sogleich wieder ein; Ruhm und Ehre - was für Amphitryon, wie wir sehen werden, den einzigen, fragwürdigen Grund seiner Existenz ausmacht - bedeuten für sie lediglich einen flüchtigen Reiz, der gleich zum Nichts zerrinnt, sobald sie der Gefahren gedenkt, die ihrem Gatten auf dem Felde des Ruhms drohen. Sie lebt allein in ihrer Liebe zu Amphitryon. Ihr würde eine Welt, wo nur Ich und Du füreinander da sind, genügen. Und so gibt sie traurig dem scheidenden Gatten zu bedenken: "Was brauchen wir, als nur uns

---

1 I. Akt, 4. Szene, Vers 423-30, Ges. Ausg. I, S. 260.
  Künftig werden bei Zitaten nur noch unmittelbar anschliessend die Nummern
  der Verse angeführt.
2 Vgl. dazu bei Molière:
  Je prends, Amphitryon, grande part à la gloire
  Que répandent sur vous vos illustres exploits;
      Et l'éclat de votre victoire
  Sait toucher de mon coeur les sensibles endroits.
            (542-45)

selbst?" Sie ist bereit, sogar das Diadem des Labdakus, das Symbol des Sieges, des Triumphs über den unterlegenen Gegner, gegen einen Strauss von Veilchen zu tauschen. Von Herzen gerne würde sie auf die laute Welt von Fürstenhof, Ruhm und Ehre verzichten, um dafür die beschränkte und doch unendliche und reiche Welt der Liebe zu wählen.

Wir sehen uns hier unwillkürlich an Kleists Briefe aus der Zeit seiner Rousseau-Lektüre erinnert, wie er seiner Braut in den schönsten Farben die ländliche Idylle oder später die Freuden und das Glück des Landlebens schildert.

"Es ist wahr, wenn ich mir das freundliche Tal denke, das einst unsre Hütte umgrenzen wird, und mich in dieser Hütte und Dich und die Wissenschaften, und weiter nichts - o dann sind mir alle Ehrenstellen und alle Reichtümer verächtlich, ..."[1]

So sind auch für Alkmene Krone und Feldherrnstab etwas Fremdes an ihrem Geliebten, das sich feindlich in ihre Liebe eindrängt und sie bedroht. Bekümmert seufzt sie an Jupiter-Amphitryons Schultern geschmiegt:

> Ach was das Vaterland mir alles raubt,
> Das fühl ich, mein Amphitryon, erst seit heute,
> Da ich zwei kurze Stunden dich besass.
> (440ff.)

Werfen wir nochmals einen Blick auf Jupiters Worte. Auch er spricht von einem Raub; allerdings ist der Sinn hier gerade umgekehrt:

> Sie sind dem Krieg geraubt, die Augenblicke,
> Die ich der Liebe opfernd dargebracht.
> (418f.)

Damit zeigt sich bereits die Problematik der Sprache: Für wen gelten diese Worte? Ist es der ehrsüchtige Thebanerfeldherr, der allwissende und allgegenwärtige Zeus oder der Mensch gewordene Gott, eben Jupiter-Amphitryon? Zugleich verunmöglicht dieses Schillern und Oszillieren in Jupiters Reden auf reizvolle Weise,eben diese Einheit der Person auf Anhieb zu erkennen. Dieses Sakrileg hat denn auch Kritik und Wissenschaft zutiefst erbost, und stets wurde in der Gestalt Jupiters die schwache Stelle des Dramas gesehen.

Doch lassen wir einstweilen die Deutung des Olympiers beiseite, und betrachten wir lediglich seine Aussage. Wir kennen aus den einleitenden Bemerkungen

---

1 An Wilhelmine von Zenge, Berlin, den 13. November 1800.
Ges. Ausg. II, S. 584.

die Skepsis des Dichters und seine Zweifel an der Sprache. Hier aber hat er die
Not zur Tugend gemacht. Das ist Kleists grossartige Leistung, dass er seine Verzweiflung an der Sprache über ihren Mangel an Eindeutigkeit in dieser genialen
Art zum Prinzip des Dramas gemacht. Hier ist sie nicht nur Grund zum Missverständnis, und ihre Doppeldeutigkeit ist nicht nur Schein; der gleiche Sprachkörper
gestattet es, derart auf die verschiedenen Sinnhorizonte bezogen zu werden, sodass je nach der Perspektive eine andere Aussage verstanden werden kann. Somit
dürfen wir diese Worte ruhig unserem ehrsüchtigen Feldherrn anlasten. Für ihn
sind die Augenblicke der Liebe dem Krieg geraubt, ihm gehen Ruhm und Ehre der
Liebe zu seiner Gattin vor. Anderseits verwandelt Alkmene Jupiters Worte, Aussagen und Intensionen völlig unreflektiert in diejenigen ihres geliebten Amphitryon.
Auch im weiteren Verlauf des Dialogs wird sie stets heiter und unbekümmert aus
ihrem in sich selbst ruhenden, oder besser: in der Liebe zu Amphitryon gegründeten Wesen den zwiespältigen Fragen unbeirrt ihre Sicherheit entgegensetzen.

Jupiter, der in den Armen einer Sterblichen himmlische Freuden und die
Seligkeit der irdischen Liebe erfahren hat - erfahren, nicht erlebt, denn jeder
Blick, jede Zärtlichkeit und jeder Kuss galten nicht ihm, dem Gott in seiner Unendlichkeit, sondern eben jenem beschränkten, eitlen Thebanerfeldherrn -, versucht nun, wie es scheint, Alkmenes Liebe für sich, für den Gott, zu gewinnen.
Sie soll entscheiden, ob sie in dieser Nacht den Geliebten oder den Gemahl empfangen hat, unterscheiden zwischen dem ehrgeizigen Feldherrn, dem sie angetraut
ist, und ihrem göttlichen Liebhaber. Damit wird erneut ein spezifisch Kleistisches
Problem aufgegriffen: die scheinbare Unvereinbarkeit von Gesetz und Gefühl.

Mit sophistischer Dialektik führt der Olympier seinem Geschöpf diese "Be-
sorgnis" vor. Er stellt die Ehe (ahd. ewa = Gesetz) als eine Förmlichkeit, als
ein Gesetz und eine Pflicht dem unendlichen Gefühl, dem Herzen gegenüber. Die
Welt der Diskursivität - der eben der Gemahl angehört -, in die die Forderung
der Liebe bis vor den Richter getragen werden kann, soll unterschieden werden
von einer Welt von abstrakter Idealität, wo der Geliebte in völliger Unmittelbarkeit
zum Herzen seiner Geliebten ist, durch keine Vorschrift und Meinung der Welt beschränkt - aber auch durch nichts mit dem Leben verbunden.

Gerhard Fricke bezeichnet diese Opposition als "ästhetisch-geniale" und
"bürgerlich-ethische" Liebe.[1] Dabei kommt er zum Schluss:

---

1 Gerhard Fricke, Gefühl und Schicksal bei Heinrich von Kleist,
Seite 80-84.

"Das Aesthetische setzt an die Stelle der realen Ewigkeit und Unendlichkeit,
die die Majestät der Liebe ausmachen, die falsche Ewigkeit des abstrakten,
künstlich von der Existenz entspannten, aus der Wirklichkeit herausgelösten
Augenblicks, und damit beraubt es faktisch die Liebe ihrer Ewigkeit und
macht sie zu einer Angelegenheit der Zeit. ... Und das Aesthetische beleidigt die Liebe schliesslich dadurch am tiefsten, dass es ihr verwehrt,
wirklich zu werden. [1]

Wirklich werden aber kann die Liebe nur dort, wo sie dem Anspruch der Unmittelbarkeit - wie dies wohl für Jupiter als den ästhetischen Liebhaber zutrifft - und
dem Anspruch der Existenz gerecht wird - was jedoch dem Olympier schlechthin
unmöglich ist, und was er, wie es hier scheint, zu leisten auch nicht bereit wäre.
Eben diese beiden Forderungen liegen aber der Ehe zu Grunde. In ihr "tritt die
Liebe aus der Abstraktion des Aesthetischen hinüber in die Existenz und in die absolute Konkretion". [2] So erscheinen denn die Spitzfindigkeiten des höchsten Gottes
eher in einem zwiespältigen Lichte.

Auf diese recht ungöttliche Unterscheidung antwortet Alkmene, die die Frage
ihres "Gatten" weder versteht noch die versteckte Schlinge bemerkt, aus der ungebrochenen Einheit ihres Wesens:

> Geliebter und Gemahl! Was sprichst du da?
> Ist es dies heilige Verhältnis nicht,
> Das mich allein, dich zu empfahn, berechtigt?
> (458ff.)

Für Alkmene ist dies nicht eine "schmähliche Verwechslung"; in ihrer Liebe
stehen sich Wirklichkeit und Gefühl nicht feindlich gegenüber - auch wenn sie gesteht, dass der viele Ruhm recht lästig sei. Vielmehr ist für sie die Ehe das
"heilige Verhältnis", das beide versöhnend, ja, einander bedingend verbindet.

Noch gibt sich Jupiter nicht geschlagen; abermals unternimmt er es - welch
göttliche Schwierigkeit, Alkmene zwischen Amphitryon und Amphitryon unterscheiden zu lassen! - mit recht hochtrabenden Worten, den Geliebten über den Gatten
zu stellen. Wie ungleich grösser als die Pflichtschuld eines Gatten sei sein Gefühl,
ja, um Sonnenferne überflügle es jene. Bis er sich schliesslich so weit vorwagt
und die Forderung stellt:

> Entwöhne,
> Geliebte, von dem Gatten dich,
> Und unterscheide zwischen mir und ihm.
> (467ff.)

---

1 Ib., S. 83.
2 Ib., S. 84.

Man meint, bei diesem verräterischen Insistieren auf Trennung in zwei Personen müsse Alkmene misstrauisch werden oder Verdacht schöpfen. Doch nicht die Spur eines Zweifels! Auch dieser zweiten Forderung nach Unterscheidung begegnet sie mit ihrem sorglosen Nicht-Begreifen und hält all den Schmähungen auf Gatten und Feldherrn ein lächelndes "Amphitryon! Du scherzest." entgegen.

Es ist, wie Thomas Mann richtig feststellt, "des Gottes Mühsal..., sie für Unterscheidungen zu gewinnen".[1] Alkmene soll den "Laffen, der kalt ein Recht auf (sie) zu haben wähnt", den "eitlen Feldherrn der Thebaner..., der für ein grosses Haus jüngst eine reiche Fürstentochter freite", den "öffentlichen Gecken" von ihrem Geliebten, "diesem Wesen eigner Art", unterscheiden, jenen als einen andern sehen als "Amphitryon", bei dem sie die schönste Nacht verbrachte, der ihr hier diese unverständlichen Forderungen stellt und der doch bei alledem für sie immer ihr Amphitryon war und ist.

Und doch, trotz aller unbekümmerten Gewissheit, trotz all der Sicherheit des Gefühls beginnt schon hier - für Alkmene noch unbewusst - die tragische Auseinander-setzung zwischen ihrem innersten Gefühl und der scheinbar widersprechenden Wirklichkeit. Bereits mit der ersten Frage, mit ihrer ersten Antwort wird sie der Qual und dem Unvermögen der Sprache ausgesetzt. Wohl antwortet Alkmene auf Jupiters Drängen mit einem erstaunten "Geliebter und Gemahl!". Aber ist dies noch Ausdruck dafür, was in ihrem Herzen, in ihrem Gefühl innige Einheit ist? Vermag denn diese schwächliche Konjunktion überhaupt zu verbinden, was für sie gar nie getrennt war? Erst jetzt, durch Jupiters Fragen, sieht sich ihr armes Köpfchen gezwungen, in der Sprache nebeneinander zu setzen, was ihre Seele immer nur als den Ein- und Einzigen kannte. Eigentlich müsste sie mit "Geliebterundgemahl" antworten, aber das Gesetz der Sprache liegt eben in der Sukzession, im Auseinanderfächern und Veräussern dessen, was für den Menschen als Einheit in seinem Herzen ruht. Nur die eine kleine Ausnahme wird gestattet: in der "freundlichen Erfindung / mit einer Silbe das Unendliche / zu fassen"[2], im Namen, in "Amphitryon". Hier ist beides, wie auch im Herzen Alkmenes, noch in seliger Einheit verbunden. Und wir werden sehen, wie sie immer wieder abwehrend und versöhnend dieses allesumfassende "Amphitryon!" auf die Wunde legt, die die

---

1 Thomas Mann, Amphitryon, Eine Wiedereroberung, in "Wege der Forschung" (WdF), Bd. 147, Heinrich von Kleist, Darmstadt 1967, S. 74; erstmals erschienen: Neue Rundschau, 39. Jahrgang, 1928.
2 "Die Familie Schroffenstein", Vers 758ff.

trennende Schärfe der Worte des Gottes geschlagen hat. Aber selbst damit kann sie der Diskursivität der Sprache nicht entgehen. Jupiters Fragen zwingen sie immer von neuem, ihr Denken gegen ihr Gefühl zu setzen. Alkmene wird zur Sprache, zum Wissen verurteilt.

Auf Jupiters Beharren auf Unterscheidung flüchtet Alkmene zunächst in eine Zustimmung im doppelten Irrealis - im grammatikalischen und indem sie das Volk vorschiebt:

> Wenn das Volk hier
> Auf den Amphitryon dich schmähen hörte,
> Es müsste doch dich einen andern wähnen,
> Ich weiss nicht wen?
>
> (484-87)

Für Alkmene ist die Existenz von zwei Amphitryonen überhaupt nicht denkbar eben weil sie Amphitryons in ihrem Herzen gewiss ist, weil die Gewissheit seiner Person in ihrer Liebe zu ihm und nicht im Wissen von ihm gründet. Und dennoch gibt sie zu, dass das Volk ihn bei seinen Schimpftiraden für einen andern als ihren Feldherrn halten müsste.

Dann geht sie gar verliebt scherzend auf eine Unterscheidung ein. Nicht dass sie jetzt bereit wäre, Geliebten und Gemahl als zwei verschiedene Personen zu sehen - das tut sie jetzt nicht und wird es später auch nie tun -, aber im Gedenken an die "heitre Nacht" gesteht sie Jupiter-Amphitryon, dass es ihr nicht entgangen sei,

> wie, vor dem Gatten,
> Oft der Geliebte aus sich zeichnen kann.
> (488f.)

Doch gleich fügt sie einschränkend hinzu, als ob sie die Gefahr ahnte:

> Doch da die Götter eines und das andre
> In dir mir einigten, verzeih ich diesem
> Von Herzen gern, was der vielleicht verbrach.
> (490ff.)

Das ist wahrhaft göttliche Ironie, wie sich Alkmene vertrauensvoll ihrem "Amphitryon" zuwendet und ihm auf seine quälerischen Fragen zu bedenken gibt: "Doch da die Götter eines und das andre in dir mir einigten ...". Alkmene in ihrem demütigen Glauben an eine göttliche Weltordnung, an eine Göttlichkeit, die diese Einheit, wie sie sie auch untrüglich in ihrem Herzen trägt, verbürgen soll, beruft sich auf den Gott, der ihr eben jetzt in der Gestalt Amphitryons gegenübersteht und der dieses göttliche, heilige Verhältnis selbst Lügen gestraft hat, ja noch mehr, der sich scheinbar bemüht, sein Geschöpf von diesem Glauben, von diesem Grund, der ihr überhaupt ermöglicht, Alkmene zu sein, abzubringen.

Gerade solche Kleinigkeiten zeigen einmal mehr Kleists Meisterschaft. [1]

Jetzt, wie sich Alkmene auf diese letzte Instanz beruft, glaubt sie sich genügend gesichert und nimmt den spielerischen Scherz nochmals auf; lächelnd verzeiht sie diesem, was jener vielleicht verbrach. Zwar trennt die Sprache im Wort und auf den ersten Anschein Gatten und Geliebten, um doch in der Aussage, im logischen Sinn, nur wieder einen zu meinen: Schuld und Verzeihung sind ja immer auf die gleiche Person bezogen.

Keinen Verrat ahnend, spricht sie versöhnend zu ihrem "Amphitryon" - zu Jupiter, zu eben dem Gott, der sie dazu bringen will, Geliebten und Gatten zu unterscheiden -, dass ja die Götter - wiederum ist damit Jupiter gemeint - ihr in ihm beides, Geliebten und Gemahl, vereint hätten, in ihm, der ihr wohl Amphitryon ist, der aber wiederum als der gleiche Jupiter, wenn auch in der Gestalt des Feldherrn, vor ihr steht.

Dieses Schillern der Sprache, ihre Doppel- und Mehrdeutigkeit sind unendlich reizvoll und entzücken Leser wie Zuschauer. Nur ist es beinahe unmöglich, was in der Sprache vorgegeben ist, dieses Schwanken des festen Grundes, auch auf der Bühne zu realisieren, wenn wir bedenken, wie es nur schon bei der Lektüre Mühe bereitet, diese Vielschichtigkeit auf Anhieb zu erkennen.

Und wieder stellt sich die Frage: Was bedeuten Jupiters Worte tatsächlich? Bis jetzt haben wir den Olympier nur aus der Perspektive Alkmenes betrachtet - mit dem Mehrwissen des Zuschauers, der Merkurs Erklärungen über seines Herrn Erdenabenteuer erhalten hat. Aber ist das der ganze Jupiter? Ist er nur der Frevler, der die von den Göttern gegebenen Gesetze aufzuheben trachtet, um sich selbst an seinem Geschöpf für eine Nacht zu erfreuen? Irrt Alkmene, wenn sie an ihn die vielsagenden Worte richtet: "Da die Götter eines und das andre in dir mir einigten..."? Oder spricht sie trotz der Täuschung die Wahrheit? Ist die Kategorie der Wahrheit in diesem Zusammenhang überhaupt relevant?

Wir fühlen uns versucht, von objektiver und subjektiver Wahrheit zu sprechen. Aber diese Begriffe sind gefährlich. Verzichten wir vorläufig auf eine erschöpfende

---

1 Vgl. dazu bei Molière:
Je ne sépare point ce qu'unissent les Dieux;
Et l'époux, et l'amant me sont fort précieux.
(620f.)

Deutung der Hauptgestalten, bis wir dann im II. Aufzug mehr von ihnen wissen. Eines aber muss nochmals festgehalten werden: Jupiters Reden sind schillern und somit auch nicht eindeutig gemeint. Nicht nur der olympische Verführer spricht aus seinen Worten, diese treffen ebenso auf den Feldherrn zu. Amphitryon ist es, für den die Augenblicke der Liebe dem Krieg geraubt sind. Ebenso ist auch er es, der bei der Rückkehr zu seiner erstaunten Gattin von der beleidigenden Forderung der Liebe sprechen wird. Er wird Geliebte und Gattin fein säuberlich trennen; er hat die Liebe erworben, freite jüngst eine Fürstentochter und glaubt daher, auf sein Recht pochen und die Schuld der Liebe von seiner Gattin einfordern zu dürfen. Er ist der "eitle Feldherr der Thebaner", der verblendet seine verletzte Ehre so hoch über die Liebe zu Alkmene stellen wird.

Und so treffen wir auf das einzigartige Phänomen, dass der einfache Sprachkörper allmählich in einer dreifachen Relation sichtbar wird und dabei seine Bedeutung entsprechend ändert: im Bezug zum olympischen Verführer, der die Liebe seines Geschöpfs für sich gewinnen will, zum ehrsüchtigen Feldherrn, der auf den Rechten des Gatten und auf der Forderung der Liebe beharrt, und schliesslich zu Alkmene, die auch hinter den unverständlichen Scherzen immer nur ihren Geliebten und Gemahl, immer nur Amphitryon sieht.

Jupiter scheint sich zu bescheiden. Mit der dreifachen Bitte wendet er sich nochmals an Alkmene: dies heitere Fest möge nicht aus ihrem Gedächtnis weichen; sie solle diesen "Göttertag" nicht mit ihrer "weitern Ehe gemeinem Taglauf verwechseln", um mit dem letzten Wunsch zu schliessen:

> Versprich, sag ich, dass du an mich willst denken,
> Wenn einst Amphitryon zurückekehrt -?
> (499f.)

Merken wir uns die bedeutsame Nuance: Alkmene, die ihren geliebten Amphitryon immer nur mit ihrem innersten Gefühl erfasste, die ihre Liebe allein in ihrem Herzen trug, soll diese Nacht in ihrem <u>Gedächtnis</u> bewahren.

Wieder ist sie der Qual der Sprache ausgesetzt. Was soll sie schon auf diese haarspalterischen Sophistereien antworten, die nicht genau aussagen, was sie fühlt, denen sie aber auch nicht widersprechen kann. Und so entgegnet sie unschlüssig:

> Nun ja. Was soll man dazu sagen?
> (501)

Gewiss wird Alkmene dieses "heitre Fest" mit ihrem "Amphitryon" nicht vergessen, diese Nacht nicht mit einem gewöhnlichen Tag ihrer Ehe gleichsetzen;

gewiss wird sie an ihren zärtlichen, liebestrunkenen "Amphitryon" denken, wenn er, Amphitryon, ihr wieder, vom Staub der Schlacht bedeckt, zurückkehren wird, aber nicht, weil sie zwei Amphitryonen kennt, einen Geliebten und einen Gemahl, sondern eben weil sie sich im Geliebten immer des Gatten gewiss ist und die Grenzenlosigkeit ihrer Liebe immer nur in der Ehe verwirklicht weiss.

Wie sich der Olympier nun zum Scheiden wendet, versucht ihn Alkmene zu halten, indem sie ihn - welch ein Triumph für Jupiter! - unwillkürlich mit "Geliebter" anspricht. Nochmals wendet sich der Göttliche zurück mit der Frage:

> Schien diese Nacht dir kürzer als die andern?
> (506)

Und nun folgt dieses erste entzückende "Ach!", das nochmals die ganze Seligkeit der göttlichen Nacht in sich schliesst, das die ganze Unsagbarkeit in diesem einen Laut offenbar werden lässt.

Gleichsam als Coda schliesst daran Jupiters Erklärung, Aurora habe für ihr Glück nicht mehr tun können, und Alkmene fasst all die unverständlichen Scherze und Fragen ihres Geliebten in die für sie einzig mögliche Erklärung:

> Er ist berauscht, glaub ich. Ich bin es auch.
> (511)

Die 5. Szene bringt nochmals eine Auseinandersetzung zwischen Mensch und Gott; Merkur, der Sosias vom Stocke, streitet sich mit der Ehehälfte seines Doppelgängers herum. Es ist die Parodie auf den vorangegangenen Dialog, derb und drastisch im Tonfall, kurz, ausschliesslich die Ebene der Komödie.

Charis rühmt ihrem rüden Gefährten die beispielhafte Liebe des Fürstenpaars und fordert auch von ihm ihr Teil ehelicher Zärtlichkeiten. Doch nach den Unverschämtheiten Merkurs fällt sie ebenfalls keifend in diesen Tonfall und fragt empört auf die gröblichen Beleidigungen:

> Bin ich nicht mehr im Stand? -
> (548)

Auch hier, auf der Ebene der Burleske, stossen wir wieder auf die Doppeldeutigkeit der Sprache. Wenn Molière noch die Frage stellt: "Quoi? suis-je hors d'état, perfide, d'espérer / qu'un coeur auprès de moi soupire?" (654f.), so lässt Kleist den Sinn der Frage vorerst in der Schwebe. Doch Merkur beseitigt die Zweifel rasch und schneidet Charis' Worte mit einer Antwort von unzweifelhafter Eindeutigkeit ab.

Der grösste überhaupt denkbare Gegensatz zur Welt Alkmenes eröffnet sich in diesem Streit des "Dienerehepaars". Kein heiliges Verhältnis, kein unendliches Gefühl der Liebe werden hier beschworen. Merkur braucht nicht Jupiters Aufwand an rhetorischen Spitzfindigkeiten, um seine Zwecke zu erreichen. Der göttliche Grobian hat überhaupt keine Mühe, Charis auf die Ebene des Derb-Sinnlichen herunterzuziehen und sie den letzten Rest von Glauben an eheliche Zärtlichkeit vergessen zu machen.

Hier gründet die Liebe nicht auf der Einmaligkeit, auf dem unerklärbaren und unaussprechlichen Geheimnis der geliebten Person. In dieser Sphäre ist es nicht möglich, das geliebte Wesen, selbst unter Verlust aller Sinne, allein mit der Glocke des Herzens aus einer fremden Welt herauszufinden. Hier herrscht nur noch das Derb-Körperliche; die Liebe ist zum rein Animalischen degradiert.

Auch was Charis sich zu gute halten will, nimmt lediglich auf Aeusserliches Bezug: das reine Kleid, das Kämmen des Haars. Selbst wie sie sich nach des "Gatten" Hohn und Spott über ihren von Zeit und Arbeit genutzten Körper auf ihre Tugend berufen will, auf "Ehr und Reputation", die sie in Theben erworben, da zerstört ihr der Göttliche auch noch diese letzte Illusion mit seiner abfälligen Bemerkung: "Nicht so viel Ehr, und mehr Ruhe".

Abermals wird das Thema von "Geliebter und Gemahl" aufgenommen, diesmal allerdings im ursprünglichen Sinn der Worte: der Liebhaber und der geprellte Ehemann. Was für Alkmene nicht einmal denkbar war, das ist in dieser Sphäre bereits - wenn auch nur potentiell - vorgegeben. Wenn Alkmene bei Jupiters Versuchung wohl seine Wortspielereien mitmacht, aber auch am Schluss noch immer nur den ein- und einzigen Amphitryon sieht, so genügen bei Charis fünf Minuten grobianischer Flegeleien von ihrem vermeintlichen Ehegatten, um sie ihre sämtlichen Grundsätze ihrer "Tugend" vergessen zu machen. In ohnmächtiger Wut gedenkt sie nach den unmenschlichen Demütigungen der entgangenen Freuden mit jenem Thebaner-Jüngling und verwünscht das ganze wertlose zusammengebrochene Kartenhaus ihrer Tugend:

> O ihr Götter!
> Wie ich es jetzt bereue, dass die Welt
> Für eine ordentliche Frau mich hält!
> (597ff.)

Für sie ist lediglich eine leere Konvention und allenfalls Grund der Selbstgefälligkeit, was für Alkmene ein Existentiale und unabdingbar mit ihrer Liebe verknüpft ist; für diese heisst es:

Ich will nichts hören, leben will ich nicht,
Wenn nicht mein Busen mehr unsträflich ist.
(1278f.)

Doch in beiden Szenen lässt keine der beiden Frauen auch nur den geringsten
Zweifel an der Echtheit ihres "Gatten" aufkommen. Aber nicht nur eine Verknüpfung mit dem Vorangegangenen leistet diese
Szene. Daneben parodieren Merkurs Worte, wie diejenigen Jupiters, die gedankenlose Oberflächlichkeit seines irdischen Doppelgängers. Dieser wird mit dem selben
Aufwand an Zärtlichkeit zu seiner Charis zurückkehren, für ihn gelten all die
zweifelhaften Devisen Merkurs - ausgenommen, dass, ein Hahnrei zu sein, sich
doch nicht ganz mit seiner Sosias-Ehre vereinen lässt.

Ausserdem sind Merkurs Sentenzen auch auf unseren ehrsüchtigen Thebanerfeldherrn gemünzt. Bereits hier soll sein vergebliches Unterfangen anvisiert und
lächerlich gemacht werden, wie er später Himmel und Hölle in Bewegung setzt,
um das Unerklärliche zu erklären und die Schmach seiner Ehre zu rächen. Denken
wir nur an die hohnvollen Worte:

Nicht so viel Ehr in Theben, und mehr Ruhe.
(592)

Ebenso zielt der Wahlspruch Merkurs "Gedankenübel quälen nur die Narren"
(580) - der in diesem Sinn für Sosias gilt, dem die ganze Ich-Problematik so lang
wie breit ist, sobald er dem drohenden Stock entgehen kann und sich seines Teils
an Wurst und Kohl sicher weiss - voll Spott auf Amphitryons hoffnungsloses Bemühen, sich "dies Teufelsrätsel zu entwirren".

Fassen wir zusammen, was diese Szene leistet. Der Wechsel aus der göttlichen Welt von Alkmenes Seelenadel in die krudeste Körperlichkeit gewährt Leser
und Zuschauer etwas Zeit, um Atem zu schöpfen und sich ihrerseits von den verwirrenden Fragen zu erholen. Weiter erscheint die Gestalt Alkmenes durch diesen
völligen Gegensatz und die Umkehrung aller Werte in einem noch viel helleren
Licht und ermöglicht erst damit eine gerechte Würdigung. Und schliesslich gibt
diese 5. Szene gleichsam eine ironische Exposition des verblendeten Feldherrn,
die als Gelenkstelle diesen ersten mit dem folgenden Akt verbindet.

DASS MICH DER LIEBSTE GRAUSAM KRAENKEN WILL ...
FAHR HIN AUCH DU, UNEDELMUETGER GATTE !

Zu Anfang des II. Aktes betritt zum ersten Mal Amphitryon die Bühne. Als
letzter im Quartett hat er sich mit dem Einbruch des Ausserordentlichen auseinan-
derzusetzen. Was von den beiden Gattinnen überhaupt nicht als aussermenschliches
Eindringen erkannt wurde - Alkmene sah hinter allen quälerischen Fragen immer
nur ihren Amphitryon, Geliebten und Gemahl, und Charis in den Flegeleien Merkurs
ihren irdischen Grobian -, das akzeptierte Sosias kampflos, durch die "gewichtigen
Gründe" der Prügel und das Wissen um seine heimlichsten Schelmereien überzeugt,
als sein zweites überlegenes Teufels-Ich, ohne indes, sobald er sich ausser Reich-
weite des Stockes wusste, seine Ich-Verdoppelung allzu tragisch zu nehmen.

Wenn dieser auf derbste und unmittelbarste Weise zur Anerkennung des Unerklärlichen gezwungen wurde, bekommt Amphitryon hier lediglich die Ungereimt-
heiten seines Dieners zu Gehör, wie sich dieser vor des Palastes Pforte selbst zer-
prügelt habe. Gemäss seinem Verhältnis zur Welt versucht der Feldherr zunächst
mit seinem rationalistischen Geist, mit der Diskursivität des Verstandes, das
Teufelsrätsel zu entwirren. Selbst in dieser komischen Auseinandersetzung zwischen
Diener und Herrn können wir, wie Kleist vom "Zerbrochenen Krug" einmal schrieb,
die "Tinte seines Wesens" erkennen.[1]

Auch hier steht die Erkenntnisproblematik, die Frage nach der Wahrheit, im
Zentrum. Für Sosias, ernüchtert von den Erlebnissen mit seinem Teufels-Ich und
von den Drohungen seines wütenden Herrn bedrängt, besitzt die Wahrheit auch
einen sozialen Aspekt, und so bittet er Amphitryon, um sich vor neuem Ungemach
zu schützen, ihm den Ton der Verhandlung anzugeben:

> Soll ich nach meiner Ueberzeugung reden,
> Ein ehrlicher Kerl, versteht mich, oder so,
> Wie es bei Hofe üblich, mit Euch sprechen?
> Sag ich Euch dreist die Wahrheit, oder soll ich
> Mich wie ein wohlgezogner Mensch betragen?
> (623-27)

---

1 Kleist an Friedrich de la Motte Fouqué, Berlin, den 25. April 1811.
"Es kann auch, aber nur für einen sehr kritischen Freund, für eine Tinte
meines Wesens gelten."
Ges. Ausg. II, S. 862.

Seine Erkenntnis ist auf eine Welt des Bauches gegründet; keine Vernunft
ordnet die einzelnen Teile zu einem Ganzen und widerspricht, wenn etwas nicht
ins Sinngefüge passt. Prügel und das Wissen um seine Heimlichkeiten reichen aus,
dass er bereit ist, auf sein Ich Verzicht zu leisten. Ihm genügt das reine Faktum,
dass etwas ist; dieses auch noch zu erklären, darauf verzichtet er zum vornherein.
Aus der Antwort auf Amphitryons ungehaltene Forderung nach einer Erklärung
spricht diese gleichgültige Anerkennung des Unerklärlichen.

> Ins Tollhaus weis ich den, der sagen kann,
> Dass er von dieser Sache was begreift.
> Es ist gehauen nicht und nicht gestochen,
> Ein Vorfall, koboldartig, wie ein Märchen,
> Und dennoch ist es, wie das Sonnenlicht.
> .....
> Mein Seel! Es kostete die grösste Pein mir,
> So gut, wie Euch, eh ich es glauben lernte.
> Ich hielt mich für besessen, als ich mich
> Hier aufgepflanzt fand lärmend auf dem Platze,
> Und einen Gauner schalt ich lange mich.
> Jedoch zuletzt erkannt ich, musst ich mich,
> Ein Ich, so wie das andre, anerkennen.
>   (699-711)

Amphitryon kann eine solche Begründung nicht genügen. Seine erste wütende
Reaktion ist, das unerklärliche Teufelsrätsel als "Geschwätz", "Possen", als ein
"Märchen" seines Dieners abzutun. Auf die Schilderung der Begegnung der beiden
Sosias sucht sich sein Verstand den Dschungel dieser Unverständlichkeiten zu er-
hellen:

> Wie soll ich das verstehn?
>   (650)

Aber für Sosias gibt es keine Frage nach dem Sinn - wozu auch! Die Prügel
haben ihn belehrt, sich mit dem Faktum zu begnügen und dieses anzunehmen.
"Träumerei", "Betrunkenheit", "Gehirnverrückung" oder "Scherz" bleiben für
unsern Feldherrn die einzigen Erklärungen für dieses Irrgeschwätz, die in seiner
Welt der Diskursivität, des reinen Rationalismus möglich sind.

Nach so viel fürstlicher Ungläubigkeit bittet Sosias treuherzig, ihm auf sein
Ehrenwort doch Glauben zu schenken - das Wort einer Ehre, die er wohl ebenso
rasch wie seinen Namen vor dem drohenden Stock im Stiche lassen würde.

Nochmals versucht Amphitryon, mit Hilfe seines Verstandes dem Rätsel auf
die Spur zu kommen:

Doch sage mir auf dein Gewissen jetzt,
Ob das, was du für wahr mir geben willst,
Wahrscheinlich auch nur auf den Schatten ist.
Kann mans begreifen? reimen? Kann mans fassen?
(694-97)

Aber Wahrheit und Wahrscheinlichkeit brauchen nicht notwendigerweise zu-
sammenzufallen. Darauf beruhen ja die meisten Stücke Kleists, dass sich eben
das Unwahrscheinliche allen Vermutungen, Zeichen und Beweisen der Wirklichkeit
zum Trotz als das Wahre erweist. Dazu zwei Textstellen:

"Denn die Leute fordern, als erste Bedingung, von der Wahrheit, dass sie
wahrscheinlich sei; und doch ist die Wahrscheinlichkeit, wie die Erfahrung
lehrt, nicht immer auf Seiten der Wahrheit."[1]

"... und wie denn die Wahrscheinlichkeit nicht immer auf Seiten der Wahrheit ist, so traf es sich, ..."[2]

Doch für Amphitryon gilt nur, was man "begreifen, reimen, fassen" kann;
für ihn ist die Wahrheit nur dort zu finden, wo nicht nur ihre Wahrscheinlichkeit,
sondern ihre Gewissheit durch ein festes Denksystem gewährleistet ist. Ihm ist
es unmöglich, etwas zu glauben, etwas als wahr anzuerkennen, was seinen fünf
Sinnen und den daraus folgenden Schlüssen des Verstandes widerspricht.

Nochmals versucht er mit rationalen Gründen, mit Trunkenheit, mit einem
irrwitzigen Traum das Unerklärliche zu erklären, um schliesslich, bald selbst
verwirrt, auf eine Deutung zu verzichten und den ganzen "Wischwasch" als "un-
nützes, marklos-albernes Gewäsch, / in dem kein Menschensinn ist, und Verstand" (764f.), von sich zu schieben. Aber gerade mit diesen Worten - wieder
zeigt sich die Ironie der Sprache - hat er unbewusst die richtige Spur gefunden:
Gewiss lässt sich da, wo sich die Götter ins irdische Leben einmischen, für den
Menschen zunächst kein Sinn finden. Und auch unser kriegerischer Held wira
dabei ebenso scheitern müssen, sobald er selbst in dieses Teufelsrätsel verstrickt wird.

---

1 "Unwahrscheinliche Wahrhaftigkeiten", Anekdote in den Berliner Abendblättern
  vom 10. Januar 1811.
  Ges. Ausg. II, S. 277f.
2 Aus der Novelle "Michael Kohlhaas", Ges. Ausg. II, S. 96.

Amphitryon und sein Diener nähern sich der Schlosspforte. Alkmene, von Charis begleitet, tritt heraus, um den Göttern ein Dankopfer darzubringen und sie um den weitern Schutz für ihren Gatten zu bitten. Da erblickt sie ihn, den eben noch kein Flehen vermocht hat, bei ihr zurückzuhalten. Ueberrascht fragt sie nach seiner frühen Rückkehr.

Nun ist es an Amphitryon, erstaunt zu sein. Nach dem "marklos-albernen Geschwätz" seines Dieners muss er von seiner Gattin erfahren, dass er sie in der vergangenen Nacht bereits besucht habe. Ratlosigkeit und gekränkte Eitelkeit ergreifen ihn. Mit der vernünftigen Erklärung, dies sei wohl nur ein Traum gewesen, versucht er die drohenden Nebel zu zerstreuen.

Durch die unverständlichen Ausflüchte fühlt sich Alkmene ihrerseits verletzt und beleidigt. Schliesslich greift sie zum einzigen Beweis, der ihr geblieben: Amphitryons Prachtgeschenk, das Diadem des Labdakus.

Entsetzt sieht er sich damit durch ein Zeichen der Wirklichkeit scheinbar selbst widerlegt. Ohnmächtig und gebrochen stellt er die Frage nach einem Sinn für das unerklärliche Geschehen. Nochmals rafft er seine Kräfte zusammen, um mit seinem Verstand das Rätsel zu entwirren. Alkmene wird verhört. Punkt für Punkt muss sie ihm von der vergangenen Nacht Bericht erstatten.

Betrogen und verraten, ohne das "fluchwürdige Gewebe" zu fassen, bricht er schäumend vor Wut und Rachedurst ins Lager auf, um dort Zeugen für seine Sache zu holen. Auch Alkmene glaubt sich verraten und deutet Amphitryons Gebaren als abscheulichen Kunstgriff, sich von ihr zu trennen. Zutiefst beleidigt und gekränkt löst sie sich von ihrem Gatten.

Soweit der Inhalt dieser Szene. Was aber bedeutet sie? - Erinnern wir uns an das Gespräch zwischen Jupiter und Alkmene. Dort wird, gleichsam als Vorwurf, vom Gott die Unterscheidung von Gatten und Geliebtem gefordert. Für Alkmene blieb dies ein scherzhaftes Spiel mit Worten. Hier aber geht, was nur in der Sprache bestanden hat, in die Realität über. Scherzhafte Worte werden jetzt zur quälenden und bedrängenden Wirklichkeit. Amphitryon kehrt wirklich als der eitle Thebanerfeldherr zurück, als der Gatte, der die Forderung der Liebe stellt.

Auf echt kleistische Art wird der Knoten geschürzt. Dem Menschen wird seine Welt zum Rätsel. Die Welt, wie er sie anschaut, oder eben die Weltanschauung, seine Erfahrungen und sein Wissen stimmen mit der Wirklichkeit plötzlich nicht mehr überein. Die Wirklichkeit erfüllt den Anspruch, den man an sie stellt, nicht mehr.

Wieder wird hier die Erkenntnisproblematik sichtbar, wie wir sie schon von der Kantkrise her kennen. Dem Menschen ist es nicht möglich, die Wirklichkeit zu erkennen, wie sie ist; er kann nicht entscheiden, ob das, was er sieht und hört, den Dingen zukommt, oder ob er mit seinem Erkennen diese Erscheinungen prägt, deutet und verfälscht.

Zwei subjektive "Wahrheiten" treffen hier aufeinander, von denen jede sich untrüglich durch die eigene Erfahrung, das eigene Besser-Wissen auszuweisen vermag. Alkmene hat ihren Amphitryon empfangen; ihre Liebe, ihr untrügbares innerstes Gefühl geben ihr, nebst dem Beweis der Wirklichkeit, dem Diadem, die Gewissheit, dass er es war. Amphitryon, in der starken Feste seines Verstandes, weiss aber ebenso, dass er die ganze vergangene Nacht im Lager verbracht hat. Gegründet auf dem eigenen Bewusstsein, das über alle Zweifel erhaben scheint, können beide zu gar keinem andern Schluss kommen.

Damit eröffnet sich das Problem von "Versehen und Erkennen", [1] das für alle Werke Kleists konstitutiv ist. Gibt es in einer verrätselten Welt überhaupt eine Gewähr für sichere Erkenntnis? - Die Frage so gestellt, erfasst jedoch die Problematik nicht genau. Fragen wir anders: Für welchen Menschen kann es die Gewähr einer sicheren Erkenntnis geben? Damit soll betont werden, dass es nicht gleichgültig ist, von welchen Voraussetzungen, von welchem Blickpunkt aus jemand zu einer Erkenntnis gelangen will. Wenn der Mensch auf seinem Standpunkt beharrt, von dem aus er die "Welt" nicht richtig "anschauen" kann - wohl vermag er eine Teilerkenntnis zu gewinnen, die aber eben nur Stückwerk bleibt und deshalb zu falschen Schlüssen führt -, so muss der Fehler bei ihm und nicht in der Wirklichkeit gesucht werden.

Wenn also für den Menschen die Wahrheit nicht erkennbar ist, lässt das darauf schliessen, dass wir bei ihm, offenbar oder verborgen, eine Schuld zu suchen haben. Man mag einwenden, dies sei eine Behauptung, die lediglich aus ein paar theoretischen Erwägungen abgeleitet worden sei. - Einverstanden. Doch akzeptieren wir diese vorerst als Arbeitshypothese. Beweise dazu sollen später aus verschiedenen Textstellen erbracht werden.

---

1 So der Titel einer Abhandlung von Walter Müller-Seidel:
Versehen und Erkennen, Köln 1967[2] (1. Aufl. 1961).

Für Kleist ist dies letztlich eine Frage der Rettung der Theodizee, die Frage, wie eine Welt, wo Gott sich verborgen hält, wo sein göttlicher Wille, sein Auftrag an den Menschen und der Plan seiner Schöpfung unerkennbar bleiben, dennoch als sinnvoll und göttlich erkannt werden kann. Diese Zweifel, wie sie ähnlich in Iphigenies Bitte an die Götter anklingen: "Rettet mich und rettet euer Bild in meiner Seele!", haben Kleist jahrelang gequält. Wir können die allmähliche Wandlung von einer dunkeln verzweifelten Welt der "Familie Schroffenstein" bis schliesslich zu einer freundlich helleren im "Prinz Friedrich von Homburg" in seinen Novellen und Dramen verfolgen.

Die Welt, die hier zum Rätsel wird, ist die nächste, scheinbar bekannteste: das Du, - eine Welt, die, wenigstens für Alkmene, überhaupt erst ermöglicht, Ich zu sein. Ernst von Reusner hat die These aufgestellt, der "Amphitryon" sei eine Ich-Dichtung ohne Du.[1] Alkmene stehe allein im Zentrum; Jupiter und Amphitryon seien lediglich Hilfskonstruktionen ohne jeden Selbstzweck, "keine einheitlichen, in sich ruhenden Gestalten, in denen Kleists Gefühl wie in Alkmene ist, mit einem eigenen Schicksal".[2] Mit dieser Behauptung befindet er sich mit Fricke[3] und dessen unzähligen Nachfolgern zweifellos in guter Nachbarschaft.

Dass die beiden Nebenbuhler keine "einheitlichen, in sich ruhenden Gestalten" sind, wollen wir gerne zugestehen - das verlangt aber auch niemand von ihnen. Dass sie jedoch nur Hilfskonstruktionen ohne eigenes Schicksal seien, muss, ganz besonders für Amphitryon, entschieden abgelehnt werden. Neben dem Weg Alkmenes gibt es ebenso einen Weg Amphitryons - deshalb auch die scheinbar mangelnde Einheit seiner Gestalt.

Zwar ruht seine Welt nicht auf dem gleichen wahren Grund der Liebe wie diejenige Alkmenes. In seiner Welt der Diskursivität wähnt er die Liebe durch das Gesetz der Ehe als ebenso beweis- und verfügbar wie sein Handeln im Wirkungsbereich von Krieg und Fürstenhof. Diese beiden Welten, die für Alkmene in ihrer Liebe verbunden waren, stossen hier aufeinander. Dabei die eine nur als Funktion der andern aufzufassen, ist ein ungerechtfertigter, voreiliger Schluss. Lassen wir deshalb - vorerst ohne jede Wertung - beide eigenständig nebeneinander bestehen.

---

1 Ernst von Reusner, Satz - Gestalt - Schicksal, Untersuchungen über die Struktur in der Dichtung Kleists, Berlin 1961.
2 Ib., S. 98.
3 Gerh. Fricke, Gefühl und Schicksal bei Heinrich von Kleist, Berlin 1929.
  Er stellt ausschliesslich Alkmene in den Mittelpunkt des Dramas und spricht als erster von Jupiter als einer Hilfskonstruktion.

Erst durch den Einbruch des Ausserordentlichen, in der Störung des Bezugs vom Ich zum Du, wird ja das Wesen dieser Beziehung selbst sichtbar. Erst indem Kleist Gestalten sprechen, sich rechtfertigen und fragen, werden sie zur Person.

Gehen wir zurück zum Text, um im einzelnen aus diesem gestörten Bezug die beiden Welten näher kennen zu lernen. Auch hier im Dialog, in unzähligen Ausrufen, im Bericht von jener Nacht, in der Berufung auf die Götter eröffnet sich in schicksalhafter Ironie der Doppelsinn der Sprache. Der Mensch, in seine unerklärbar gewordene Welt verstrickt, beruft sich auf die Götter, auf eben jene Götter, die diese Verwirrung verursacht haben.

Schon der Eingang der Szene ist überaus reizvoll. Alkmene, noch ganz befangen in jener göttlichen Liebesnacht, will den Göttern opfern und sie um ihren weitern Schutz für ihren Gatten bitten - dem Jupiter für Jupiter-Amphitryon ein Dankopfer bringen! Und nun, wie sie Amphitryon erblickt, entfährt ihr der Ausruf: "O Gott! Amphitryon!" - o Jupiter! Amphitryon!

Erinnern wir uns an die Ueberredungskünste des Olympiers; in diesen bedrängte er sein Geschöpf immer wieder, zwischen dem Geliebten und dem Gemahl zu unterscheiden. Somit müssen wir die ganze folgende Auseinandersetzung mit der entnervenden Unmöglichkeit, sich zu verständigen, auf dem Hintergrund jener göttlichen (?) Verführungskünste sehen. Hier realisiert sich als Trennung in der Wirklichkeit, was dort in der Sprache - nie aber in Alkmenes Fühlen - nebeneinander stand.

Aber auch der Feldherr beruft sich nach dem unverständlichen Verhalten seiner Gattin auf die Götter:

> Der Himmel gebe,
> Dass meine Gattin nicht vor mir erschrickt.
> (777f.)
> Ob auch die Götter jenen Wunsch erhört.
> (784)

Darauf gelangt er zur schmerzlichen Einsicht - was wohl eher auf Jupiter zutreffen dürfte -, dass er als "Ueberlästger aus den Wolken falle" (792). Doch nicht genug damit. Auf dem Höhepunkt seiner Verwirrung, wie ihm Alkmene das Diadem als Beweis vorzeigt, ein Zeichen der Wirklichkeit, ein Beweisstück aus seiner Welt, wo die Dinge erklärbar und verfügbar sind, wo Verstand und Vernunft Ordnung halten, da entfährt ihm der gequälte Aufschrei:

O ihr allmächtgen Götter, die die Welt
Regieren! Was habt ihr über mich verhängt?
(899f.)

Allein die tragische Erschütterung kann nicht übermächtig werden. Sogleich ist Sosias in seiner geschwätzigen Leutseligkeit mit einer Antwort zur Hand und gibt - welche Ironie! - ungewollt die richtige Erklärung:

Was über Euch verhängt ist? Ihr seid doppelt,
Amphitryon vom Stock ist hier gewesen,
Und glücklich schätz ich Euch, bei Gott -
(901ff.)

Damit ist die unerträgliche Spannung gebrochen, und das Gespräch geht in diesem ironischen, komisch-tragischen Zwielicht weiter.

Abermals eine echt kleistische dramatische Lösung: Amphitryon, der Verstandesmensch, trifft mit seinem Ausruf aus der tiefsten Verwirrung die richtige Spur, und Sosias, der feige, unverschämte Diener, gibt die zutreffende Deutung. Selbst hier klingt noch etwas von der grauenvollen Ironie der "Familie Schroffenstein" an, wo am Schluss der Wahnsinn zur Wahrheit führt und die Blindheit diese erkennt.[1]

Doch verfolgen wir den Weg der beiden Hauptfiguren noch etwas weiter. Schon aus Jupiters Reden haben wir den eiteln Feldherrn der Thebaner, den Gatten, kennengelernt. Dieses Bild bestätigt Amphitryon mit seinem Auftreten durchaus. So begrüsst er bei seiner Rückkehr Alkmene ausdrücklich als seine Gattin. Er macht die Ehe zu einem Gesetz, die Liebe zu einer Pflicht; er ist der Gatte, der kalt ein Recht auf die Gattin zu haben wähnt, der anmassend von der "Forderung der Liebe" spricht.

Aber nicht nur die Liebe ist für ihn in der Ehe, im Gesetz, als Besitz verfügbar festgelegt. Seine ganze Welt ist durch den Verstand gesetzmässig erkenn- und berechenbar, und was nicht sein kann, das darf auch nicht sein. Die einzige mögliche Erklärung auf Alkmenes Beteuerungen bleibt für ihn, dass sie seine Rückkehr nur im Traum erlebt habe. Erst wie ein Zeichen aus seiner eigenen Welt wider ihn zeugt, zerbricht seine selbstherrliche Sicherheit. Das Diadem steht aber nicht nur

---

1 Sylvius: Weh! Weh! Im Wald die Blindheit, und ihr Hüter
              Der Wahnsinn! Führe heim mich, Knabe, heim!
         "Die Familie Schroffenstein", Vers 2628f., Ges. Ausg. I, S. 148.

für die objektive Wirklichkeit, vielmehr ist es Zeichen des Triumphs über den geschlagenen Gegner, ein Symbol seiner Feldherrnehre. Und diese "Ehre" hat man ihm gleichsam aus den Händen gezaubert.

Im Anruf an die Götter, wo er gebrochen die Sinnfrage stellt, erhalten wir weitern Aufschluss über sein Wesen:

> Ich habe sonst von Wundern schon gehört,
> Von unnatürlichen Erscheinungen, die sich
> Aus einer andern Welt hieher verlieren;
> Doch heute knüpft der Faden sich von jenseits
> An meine Ehre und erdrosselt sie.
> (907-11)

Damit wird auf eine mögliche Schuld Amphitryons hingewiesen. Zwar hat er schon von Wundern sprechen hören, aber für ihn verlieren sich diese aus einer andern Welt hieher. Das Wunder hat in seiner Verstandes-Welt keinen Platz; die Wirklichkeit muss für ihn wahrnehmbar, erklärbar und beherrschbar sein, und unnatürliche Erscheinungen haben draussen zu bleiben. Auch wenn er in jedem zweiten Satz die Götter anruft, so sind dies Götter des fernen Olymps, die in seiner Welt nichts zu suchen haben.

Selbst noch in der unbewusst richtigen Deutung des unerklärlichen Teufelsrätsels spricht allein der Gatte. Er sieht im Einbruch von jenseits nur die Bedrohung seiner Ehre. Nicht der Liebe zu Alkmene droht Gefahr, nicht dem Bezug zum Du, sondern dem Scheingrund, worauf seine Existenz ruht: seiner eiteln Feldherrnehre, einer Relation, die letztlich wieder auf das Ich zurückführt. Und eben dieser selbstgefälligen Hybris wegen wird Amphitryon an der Liebe schuldig und muss es erdulden, dass seine absolut gesetzte Ehre etwas zurechtgestutzt wird. Auf eine Schuld deuten auch Alkmenes Worte, wie sie auf des Gatten kränkende Behauptungen antwortet:

> Kannst du im Ernst ins Angesicht mir leugnen,
> Dass du im Schlosse gestern dich gezeigt,
> <u>Falls nicht die Götter fürchterlich dich straften,</u>
> Gilt jeder andre schnöde Grund mir gleich.
> (869-72)

Dem Diadem, dem Symbol der Ehre, dem zweifelhaften Grund seiner eigenen Existenz kann er nicht widersprechen. Und dennoch sucht er weiterhin eigensinnig mit seinem Verstand das Unerklärliche zu ergründen. In der typischen Art und Weise des Mannes verhört er Alkmene und versucht aus ihr zu erfragen, was das

Rätsel lösen könnte. Auch an anderen Stellen begegnen wir dem "Verhör" wieder als dem bevorzugten dramatischen Mittel Kleists. Denken wir an das Verhör des Grafen vom Strahl mit Käthchen, an den "Zerbrochenen Krug" im ganzen oder auch an die Briefe an die Braut, die beinahe zur Inquisition ausarten.

Wie Amphitryon nun von seiner Gattin das Glück seines Nebenbuhlers haarklein erzählt bekommt, ist es aus mit seiner Fassung.

Amph.	O dieser Dolch, er trifft das Leben mir!
	Nein, nein, Verräterin, ich war es nicht!
	Und wer sich gestern um die Dämmerung
	Hier eingeschlichen als Amphitryon,
	War der nichtswürdigste der Lotterbuben!
Alkm.	Abscheulicher!
Amph.	Treulose! Undankbare! -
	Fahr hin jetzt Mässigung, und du, die mir
	Bisher der Ehre Fordrung lähmtest, Liebe,
	Erinnrung fahrt, und Glück und Hoffnung hin,
	Fortan in Wut und Rache will ich schwelgen.

(970-79)

Mit der unvergleichlichen Sprachgewalt Kleists sind diese Verse gestaltet. Ein gewaltiges Crescendo, das sich von Vers 970 an bis zu 978 (Erinnrung fahrt...) steigert. In der Mitte dieser Periode steht Alkmenes empörter Ausruf. Nachher stürzt die ganze wohlgebaute Welt Amphitryons im Jambengepolter zusammen. Und auch was allenfalls stehen geblieben, zerstört der Tobende in ohnmächtiger Wut noch selbst. Wir hören, wie in diesem Vers "Erinnrung fahrt, und Glück und Hoffnung hin" (978) das Wüten Sprache wird. Wie Hammerschläge ertönen die einzelnen Vokale (betonte Silben). Jedesmal sinkt dann die Sprache wieder zurück zum -u-, zum dumpfen Grundton der Wut (unbetonte Silben), um erneut auszuholen, mit einem andern Vokal einen weitern zerstörenden Schlag zu tun und wiederum auf den Grundton abzufallen. Und so weiter, bis die ganze Folge der Vokale durchlaufen ist.

Aber nicht nur in der Form, auch in der Aussage wird eine Welt bis auf ihre Grundmauern zerstört: Erinnerung, Glück und Hoffnung - Vergangenheit, Gegenwart und Zukunft, alles Gewesene und alle künftigen Möglichkeiten sollen vernichtet werden und dem einen beschränkten Gefühl von Wut und Rache weichen.

Auch damit wird Amphitryon schuldig; es ist dies letztlich nicht seine autonome Welt, die er beliebig zerstören kann und darf, sondern es ist die Schöpfung Jupiters, in der der Gott ebenfalls ist. Greifen wir hier etwas vor. Am Schluss unseres Stückes, wie sich Jupiter offenbart, spricht er von sich als der pantheistischen Gottheit, indem er auf die gleichen drei Zeitformen, auf die ganze Ewigkeit, Bezug nimmt.

> Das Licht, der Aether, und das Flüssige,
> Das was da war, was ist, und was sein wird.
> (2299f.)

Somit ist Amphitryons Wüten nicht nur ein Wüten wider sich selbst, sondern auch eine Beleidigung der Gottheit.

In rasendem Zorn verlässt er die Gattin. Sinne und Verstand vermögen das "fluchwürdige Gewebe" nicht mehr zu fassen, wie ein Zeichen aus seiner eigenen Welt, das Diadem, gegen ihn zeugt. Und so sucht er, der bis anhin selbstherrlich aus eigener Kraft gelebt hat, beim Mitmenschen Hilfe; Alkmenes Bruder, die Feldherren, das ganze Heer sollen ihm für seine Sache Zeuge sein.

Aber auch Alkmene spricht zu Amphitryon als dem Gatten - Jupiters Forderung nach Unterscheidung scheint Erfolg zu haben. Sie weist als erste seine "Liebe" eben jenem "Gesetz der Welt" zu.

> Ich denke gestern, als
> Du um die Abenddämmrung mir erschienst,
> Trug ich die Schuld, an welche du mich mahnst,
> Aus meinem warmen Busen reichlich ab.
> (806-09)

> Dass du dir jede Freiheit hast erlaubt,
> Die dem Gemahl mag zustehn über mich?
> (849f.)

> Wirst du noch leugnen, dass du mir erschienst
> Und dass ich meine Schuld schon abgetragen?
> (913f.)

Und dort, wo Alkmene für das unerklärliche Gebaren eine Deutung sucht, weisen ihre Worte auf des Gatten mögliche Schuld und auf den Grund seiner Blindheit, seines Nicht-Erkennen-könnens trotz gesunder Sinne und starkem Verstand.

> Hat dir ein böser Dämon das Gedächtnis
> Geraubt, Amphitryon? hat dir vielleicht
> Ein Gott den heitern Sinn verwirrt, ...
> (839ff.)

> Mein Freund, du bist doch krank nicht?
> . . . . .
> Vielleicht dass eine Sorge dir des Krieges
> Den Kopf beschwert, dir, die zudringliche,
> Des Geistes heitre Tätigkeit befangen? -
> (921-24)

Immer ist es bei Kleist der Kopf, aus dem das Uebel entspringt, der hypertrophierende Verstand, der sich absolut setzt und nicht mehr auf die alte geheimnisvolle Kraft des Herzens hört. Eine ständige ungeheure Spannung zwischen diesen beiden Polen durchzieht sein ganzes Leben; allen Stücken liegt sie zu Grunde, und auch noch in seiner letzten ergreifendsten Tragödie wird sie offenbar - in seinem Freitod am Wannsee zusammen mit einer todkranken Frau: Er schiesst seiner Begleiterin eine Kugel durch das Herz, sich eine Kugel durch den Kopf.

Wenden wir uns nun Alkmene zu. Im seligen Glück der Liebesnacht betritt sie den Vorplatz, den Göttern ein Dankopfer darzubringen und sie um den weitern Schutz für ihren Gatten zu bitten. Geliebter und Gemahl sind noch ungestört in ihrem innersten Gefühl in der innigen Einheit des ein- und einzigen Amphitryon verbunden. Erst wie sie sich einer neuen, unerwarteten Wirklichkeit, dem unerklärbaren Zorn des zurückgekehrten Gatten, gegenüber sieht, erwächst dieser Einheit eine Bedrohung. Nach dem ersten Erstaunen setzt sie den unverständlichen Worten Amphitryons ihre Wahrheit entgegen. Nochmals erweckt sie die ganze der Welt entrückte Nacht zum Leben. Für sie ist es die tiefste Beleidigung, wie ihr Amphitryon diese als einen Traum ausreden will. Diese Seligkeit, die sie mit jeder Faser ihres Wesens erlebt hat, sollte nur in der flüchtigen Welt des Schlafs gewesen sein? - Nimmermehr! Nur in der Zeit, nur in der Wirklichkeit, in der sie auch wahrhaft Alkmene war, und ihr "Amphitryon" sie als der Eine, als Geliebter und Gemahl, besuchte, konnte sie das erlebt haben. Gerade mit dieser Unterstellung, dass das, was nur in der Wirklichkeit für sie sein kann und darf, lediglich ein Traumgebilde gewesen sein soll, fühlt sie ihre keusche Liebe verhöhnt und die untrennbare Einheit von Liebe und Sittlichkeit auseinandergerissen.

Erinnern wir uns, wie gleichsam als parodistisches Gegenstück bei Charis Sittlichkeit und Tugend eine reichlich oberflächliche und unverbindliche Konvention sind und höchstens dazu dienen, ihrer weiblichen Eitelkeit zu schmeicheln.

> O ihr Götter!
> Wie ich es jetzt bereue, dass die Welt
> Für eine ordentliche Frau mich hält!
> (597ff.)

Reizvoll ist auch, wie das unscheinbare kleine Wortspiel auf den Unterschied von Alkmenes und Amphitryons Welt hinweist.

Amph.	- Du scherzest. Lass zum Ernst uns wiederkehren,
	Denn nicht an seinem Platz ist dieser Scherz.
Alkm.	Du scherzest. Lass zum Ernst uns wiederkehren,
	Denn roh ist und empfindlich dieser Scherz.

(851-54)

Beide haben ihre Gewissheit, und beide müssen zunächst die unverständlichen Behauptungen des andern für einen Scherz halten. Für Amphitryon, für seine Welt von Ehre und Ge-setz, ist jedoch der Scherz "nicht an seinem Platz", während er für Alkmene, deren Sein auf dem innersten Gefühl, auf der Liebe gründet, "roh und empfindlich" ist. In ähnlicher Weise nimmt der Schluss der Szene diese Spielerei nochmals auf. Faktisch ist es genau der gleiche Befehl. Und doch - ein paar andere Worte, die Nuance einer Aenderung bei einem Satzzeichen, eine andere Füllung des Verses,und schon eröffnen sich wieder die beiden Welten von Gefühl und Gesetz.

Amph.	Schweig, ich will nichts wissen.
	Du bleibst, und harrst auf diesem Platze mein.
	. . . . .
Alkm.	Schweig, ich will nichts wissen,
	Verfolg mich nicht, ich will ganz einsam sein.

(1004-07)

Wie Alkmene weiterhin die verletzende unsinnige Behauptung hören muss, weist sie den Gatten, der sie scheinbar nur quälen will, mit einem "Geh, Unedelmütiger!" weg. (Es fällt auf, dass in dieser ganzen Szene Amphitryon kein einziges Mal direkt als Geliebter angesprochen wird; er ist der teure oder sonderbare Freund der Unbegreifliche, der Abscheuliche oder der unedelmütige Gatte.) Nochmals setzt sie ihre beleidigte weibliche Würde dem "rohen Scherz" des Gemahls entgegen und stellt ihm die entscheidende Frage, ob er ihr den nächtlichen Besuch denn wirklich ins Antlitz leugnen könne.

> Den innern Frieden kannst du mir nicht stören,
> Und auch die Meinung, hoff ich, nicht der Welt:
> Den Riss bloss werd ich in der Brust empfinden,
> Dass mich der Liebste grausam kränken will.
> (873-76)

Ihre Gewissheit ist unerschütterlich. Amphitryon hat sie gestern besucht, ihm hat sie sich hingegeben; ihm, ihrem Geliebten und Gemahl, hat sie ihr grenzenloses Gefühl geöffnet. Beide Welten waren in ihrer Liebe verbunden und versöhnt. Der verletzende Schmerz kann ihre Liebe quälen, nie aber vermag er den Grund ihres Seins - dass sie ihre ganze Liebe Amphitryon schenkte - zu zerstören.

Doch wieder zeigt sich das Unvermögen der Sprache. Wie soll sie den Unverständlichen mit ihrem innersten Gefühl widerlegen? Sie kann ihm nicht ihr liebend Herz auf den Händen als unwiderlegbaren Beweis darbringen. Wie Jupiter sie einst zwang, ihr unaussprechliches Gefühl in die Sprache zu veräussern, das innig Eine in zwei Wörter zu fassen, so muss sie jetzt, was sonst nur das unmittelbare Gefühl der Liebe offenbart, nie aber mit rationalen und objektiven Beweisen gesichert werden kann, mit Zeichen aus eben dieser objektiven Wirklichkeit zu belegen versuchen. Die Dienerschaft, Steine, Bäume und Hunde vermöchten Zeuge zu sein. Zuletzt jedoch greift sie zu jenem untrüglichen Beweis, zum Diadem, das ihr vom Gatten geschenkt wurde.

Beachten wir die geistvolle Nuance Kleists. Das Geschmeide, das ihr Amphitryon als Diadem, als Zeichen seines Ruhms und seiner Ehre überreichte, wird in ihren Händen zum Symbol der Keuschheit - "und einem Gürtel gleich verband ich es" (952) -, zum unverbrüchlichen Zeichen, dass sie nur Amphitryon als ihren Geliebten und Gemahl anerkannte und anerkennen wird. Dieser Gürtel verbindet aber auch versöhnend die beiden Welten, die der Ehre, der Diskursivität und des Gesetzes mit der Welt der Liebe und des Gefühls. Und dieser Gürtel schliesslich wird ihr vom höchsten Gott, von Jupiter-Amphitryon, um den Busen geschlungen.[1] Wir sehen, die Wirklichkeit <u>ist</u> nicht schlechthin, sie wird erst im Anschauen, in einem Anschauen "im Hinblick auf ...", zur Welt.

Amphitryon scheint widerlegt, denn "man kann dem Diadem nicht widersprechen" (917). Doch dann stellt er ihr das kränkende Ansinnen, ihm "seine Ankunft" bis auf die kleinste Einzelheit zu erzählen. Wieder wird Alkmene zur Sprache verurteilt, gezwungen, was zutiefst mit ihrem ganzen einmaligen Sein verknüpft ist, einem zweifelhaften Medium anzuvertrauen, damit beim andern diese gleiche Einmaligkeit wieder zum Leben erwache.

Nochmals hören wir von jener Nacht, in der "Amphitryon" zum ersten Mal zurückkehrte. Selbst des Gottes Bemühungen, als er selbst gehört und verstanden zu werden, gibt Alkmene in treuherziger Unbefangenheit als des Gatten Worte wieder:

---

1 Vgl. dazu auch die bedeutungsvollen Worte Jupiters in II/5:
   Du bist, du Heilige, vor jedem Zutritt
   Mit diamantnem Gürtel angetan.
   (1259f.)

> ... du sagtest scherzend,
> Dass du von meiner Liebe Nektar lebtest,
> Du seist ein Gott, und was die Lust dir sonst,
> Die ausgelassne, in den Mund dir legte.
>
> (958-61)

Doch jenes letzte Geheimnis, das nur dem Ich und dem Du gehört, kann und soll sich nicht an ein Allgemeines verlieren; Alkmene findet keine Worte, das Unaussprechliche zu fassen. Die Sprache versagt, verstummt in einem Gedankenstrich. Mehrmals setzen die gleichen Worte an, um in einem neuen Versuch den Weg weiter zu finden, bis schliesslich im Schweigen, in drei Gedankenstrichen, alles ausgedrückt wird: "Gingen wir - - - nun ja!" (968). [1]

Selbst noch im gequälten Aufschrei des Gatten, der sich nun unwiderlegbar betrogen sieht, kann sie nur den abscheulichen Kunstgriff erkennen, sich auf feige Art von ihr zu trennen. Und so gibt sie im Schmerz der beleidigten und verletzten Liebe ihren Gatten frei:

> Fahr hin auch du, unedelmütger Gatte,
> Es reisst das Herz sich blutend von dir los.
>
> (980f.)

Fassen wir den Weg Alkmenes bis hieher zusammen. Die Alkmene zu Beginn des Dramas ist der Mensch vor dem Sündenfall der Erkenntnis; sie ist noch wie das "funfzehnjährige Mädchen", wie Käthchen von Heilbronn, das allen Fragen nur mit "ich weiss nit" zu antworten vermag. Für sie ruht noch alles, Ich, Du, Geliebter, Gemahl, Gott und Welt, im "Gebrodel des Gefühls" in inniger Einheit beisammen. Erst durch die Fragen Jupiters wird sie allmählich zur Sprache gezwungen. In der Diskursivität muss sie nebeneinander stellen, was sie in ihrem innersten Gefühl nur als eines wahrnehmen kann.

In dieser Szene nun wurde, was in der Sprache als Spiel vorweggenommen, bedrängender Ernst in der Wirklichkeit. Alkmene musste sich mit dem Du auseinander-setzen; und am Schluss ist die immer wieder geforderte Unterscheidung zwischen Geliebtem und Gemahl Realität geworden: Das Herz reisst sich blutend vom Gatten los. Die selige Einheit ist zerstört, ein Riss geht durch ihren Busen. Aber noch ist dieser Schmerz nicht vernichtend. Ihr innerstes Gefühl, in dem ihr

---

1 Ein Vergleich dieser Stelle mit den entsprechenden Versen bei Molière findet sich bereits in der Einleitung (S. 21) im Abschnitt über Kleists Verhältnis zur Sprache.

Ich noch mit dem Geliebten eins ist, gibt ihr die Gewissheit, dass dennoch er,
Amphitryon, ihr Geliebter und Gemahl, sie in jener schönsten Nacht besucht hat.

Immer mehr hat sich der Knoten geschürzt, immer bedrängender wurde die
Auseinandersetzung zwischen Amphitryon und Alkmene. Die Katastrophe scheint
unausweichlich. Aufs unerträglichste gespannt verlassen wir den tobenden Feldherrn und die tödlich gekränkte Fürstin.

Doch wieder befreit uns die Welt der Komödie von dieser Spannung. Als Parodie wird das eheliche Verhör über die nächtliche Rückkehr von der zänkischen
Charis und dem treuherzig feigen Sosias wiederholt. Nichts von des Feldherrn
rasendem Zorn, der seine Ehre verletzt glaubt, nichts von seinem verzweifelten,
zwecklosen Versuch, sich dieses Teufelsrätsel zu entwirren; Sosias' Ehrgeiz,
das Rätsel zu ergründen, ist nicht allzu gross, denn

> Zuletzt ists doch so lang wie breit,
> Wenn mans nur mit dem Licht nicht untersucht.
> (1020f.)

Ohne auf Verstand und Vernunft zu pochen, ist er zum voraus bereit, seine nächtliche Rückkehr als Faktum zu akzeptieren. Sein Nicht-Wissen erklärt er dem
keifenden Eheweib mit dem Trunk eines Teufelsweins.

Aber auch in Charis' Reden zeigt sich diese andere Welt. Wo Alkmene zutiefst beleidigt sich von ihrem Gatten abwendet, wo sich ihr Herz blutend von ihm
losreisst, da möchte sie der Wildkatze gleich ihrem Sosias die Augen auskratzen,
ihm zu zeigen, "was ein wütend Weib ist". Was für Alkmene untrennbar eins ist,
was ihr in Sprache zu fassen unsagbar schwer wird und sie schliesslich verstummen
lässt, das alles ist für Charis durch ein festes Gesetz geregelt.

> Wo find ich jetzt dich, Pflichtvergessener?
> Hin auf ein Kissen find ich dich gestreckt,
> Als ob du, wie zu Haus, hier hingehörtest.
> (1067ff.)

Wie für den Feldherrn, der ganz und gar als Gatte zurückkehrt, so ist für
Charis die Liebe in der Ehe eine Pflicht und ein Gesetz, wo alles an einen festen
Platz hingehört - einschliesslich des Ehemanns! Auch ihre Tugend bleibt weit

entfernt von dem, was sie für Alkmene ist: die Bestätigung der Einmaligkeit und Ausschliesslichkeit ihres Bezugs zum Du, der ihr überhaupt erst ermöglicht, Alkmene zu sein; für Charis bedeutet sie eine leere gesellschaftliche Konvention, die sie jetzt, um sich an ihrem unempfindlichen Gatten zu rächen, sogleich bereit ist, über Bord zu werfen.

Und so gewährt uns denn das Lachen über diese Welt der derbsten Körperlichkeit Entspannung von der Seelenqual Alkmenes und dem Zorn Amphitryons.

Nun widerfährt auch Alkmene, was Amphitryon schon bei seiner Rückkehr erleben musste. Er sah sich einem qualvollen, unlösbaren Widerspruch gegenüber: Seine Gewissheit, dass er noch mit keinem Fuss die Burg betreten hatte, und anderseits der Gattin Beteuerungen und der empirische Beweis des Diadems schlossen sich gegenseitig aus - obwohl jede Seite untrügliche Beweise für sich in Anspruch nehmen konnte. Schliesslich beharrte er auf seiner "Wahrheit" und entfernte sich tobend vor Wut, um das Teufelsrätsel zu entwirren, den Betrüger aufzufinden und seiner Rache zuzuführen.

Für Alkmene waren jene Unverständlichkeiten, die ungeheuerlichen Behauptungen des Gatten qualvoll und kränkend; noch erwuchs daraus ihrem eigentlichen Sein keine tiefere Bedrohung. Doch jetzt sieht sie sich ebenso einer vernichtenden Antinomie gegenüber. Der Boden wankt ihr unter den Füssen. Ihrem untrüglichen Gefühl, das ihr sagt, dass sie Amphitryon in Armen gehalten, widerspricht auf einmal die Wirklichkeit: Das Diadem des Labdakus, "des lieben Lügners eigner Widersacher", trägt einen fremden Namenszug.

Aber eine "Wahrheit" muss sich als falsch erweisen. Nicht nur das Gesetz der Logik, auch der Mensch fordert das von seiner Welt. Denn wäre das Ungeheuerliche möglich, dass tatsächlich - und nicht nur scheinbar - zwei Wahrheiten sind, so würde dem Menschen jegliche Möglichkeit genommen, überhaupt sinnvoll existieren zu können; dann wäre es wahrhaft möglich - und nicht nur Zeichen für eine verfehlte Identität -, dass dem Ich ein Doppelgänger wird.

So unternimmt Alkmene den qualvollen Versuch, nicht nur von sich aus, sondern auch von der andern "Wahrheit" her das Rätsel zu begreifen. Dies zeigt sich auch im Bau der Szene. Im ständigen Wechsel lösen sich Zweifel und Sicherheit ab. Zunächst gibt das Gespräch zwischen Alkmene und Charis diese beiden Positionen wieder. Was folgt, ist jedoch kein eigentlicher Dialog mehr. Die Dienerin befindet sich auf einer gänzlich anderen Ebene. Ihre Fragen und Einwürfe bilden gleichsam nur Reizwörter für den Monolog ihrer Herrin. Alkmene versucht von einer bestimmten "Welt" aus das Rätsel zu ergründen, um gleich darauf durch eine andere widersprechende Welt widerlegt zu werden. Dann unternimmt sie von dieser aus den gleichen Versuch, um auch hier wieder zu scheitern. Und so folgen Zweifel und Sicherheit aufeinander, je nachdem Alkmene von der untrüglichen Gewissheit ihres

Gefühls, vom schmerzlichen Zorn ihres Gatten, von den doppeldeutigen Scherzen Jupiter-Amphitryons oder vom unwiderlegbaren Zeichen der Wirklichkeit aus das Rätsel zu lösen versucht.

Doch wenden wir uns dem Text zu. Zunächst hofft Alkmene dem drohenden Zwiespalt zu entgehen und will lieber ihren Sinnen misstrauen als die Wirklichkeit als wahr anerkennen. Angstvoll sucht sie sich diese ausgefallene Hoffnung durch Charis zu bestätigen. Aber ungerührt beharrt diese, selbst auf der Fürstin verzweifelte Unterstellung, sie sei sinnberaubt, auf ihrer Erkenntnis:

> Hier steht ein andres fremdes Anfangszeichen.
> Hier steht ein J.

(1118f.)

Erst jetzt, wie dieser letzte Hoffnungsschimmer verblasst ist, fühlt Alkmene das ganze Ausmass der Bedrohung. Verzweifelt bricht sie in Wehklagen aus: "Weh mir sodann! Weh mir! Ich bin verloren" (1120). Ihr ganzes Ich-Sein wird in Frage gestellt. Was sie gehört und jetzt durch Charis' Widersprechen als wahr erkennen muss, droht sie zu vernichten: Ein anderer soll ihr erschienen sein.

Abermals erweist sich die Sprache als untaugliches Mittel, das "Unerklärliche zu erklären". Sie vermag das ungestörte Verhältnis von Ich und Du, die unendliche und gesicherte Welt der Liebe, nicht zu er-klären - dieses Licht wird nur dem liebenden Ich zuteil, das sich von der Liebe des Du gehalten weiss; allein die Evidenz des Herzens vermag hier zu begründen, nie aber kann dies von einem Aussenstehenden gewusst werden. Ebensowenig ist die Sprache hier im Stande, die Störung, das Herausheben dieses "Miteinanderseins" aus dem Augenblick und der Ewigkeit der Liebe und das Ueberantworten und Verfallen an die Zeitlichkeit zu verstehen und diskursiv zu begründen.

> Wie soll ich Worte finden, meine Charis,
> Das Unerklärliche dir zu erklären?
> Da ich bestürzt mein Zimmer wieder finde,
> nicht wissend, ob ich wache, ob ich träume,   1125
> Wenn sich die rasende Behauptung wagt,
> Dass mir ein anderer erschienen sei;
> Da ich gleichwohl den heissen Schmerz erwäg
> Amphitryons, und dies sein letztes Wort,
> Er geh den eignen Bruder, denke dir!   1130
> Den Bruder wider mich zum Zeugnis aufzurufen;
> Da ich jetzt frage, hast du wohl geirrt?

Denn einen äfft der Irrtum doch von beiden,
Nicht ich, nicht er, sind einer Tücke fähig;
Und jener doppelsinnge Scherz mir jetzt   1135
Durch das Gedächtnis zuckt, da der Geliebte,
Amphitryon, ich weiss nicht, ob dus hörtest,
Mir auf Amphitryon den Gatten schmähte,
Wie Schaudern jetzt, Entsetzen mich ergreift
Und alle Sinne treulos von mir weichen, -   1140
Fass ich, o du Geliebte, diesen Stein,
Das einzig, unschätzbare, teure Pfand,
Das ganz untrüglich mir zum Zeugnis dient.
Jetzt fass ichs, will den werten Namenszug,
Des lieben Lügners eignen Widersacher,   1145
Bewegt an die entzückten Lippen drücken:
Und einen andern fremden Zug erblick ich,
Und wie vom Blitz steh ich gerührt - ein J!
                    (1122-48)

Dieses unmögliche Unterfangen, Worte für eine Erklärung zu finden, zeigt sich in der Sprache selbst. Zwei Verse geben das Thema (1122f.); dann überspannt ein einziger grosser Bogen (1124-48), vom Zweifel am eigenen Bewusstsein bis zu jener entsetzlichen Entdeckung, die verzweifelte Suche Alkmenes nach einer Lösung der verwirrenden Widersprüche - ja, auch die Sprache vollzieht diese Suche mit. Vom Ich, durch die "rasende Behauptung" verwirrt, geht sie zum Du weiter, fragt von hier aus, erinnert sich dann der Unterscheidungen Jupiter-Amphitryons und sucht zuletzt in der Wirklichkeit den Beweis zu finden. Der Punkt setzt dort (1143) der grossen weitausholenden Bewegung keineswegs ein Ende; er bewirkt lediglich eine gewisse Retardation, wie vor der wahnsinnigen Erkenntnis die Sprache zu versagen droht. Dann setzt sie nochmals an, versucht in der Wiederholung "jetzt fass ichs ..." auch mit Worten das Unerklärliche zu fassen und endet schliesslich - durch den Abgrund eines Gedankenstrichs getrennt - in der vernichtenden Erkenntnis: "ein J!".

Verfolgen wir den Weg noch etwas genauer. Alkmene geht von ihrer unbeweisbaren Sicherheit des Gefühls aus: Ihr war Amphitryon erschienen, ihr konnte nur Amphitryon erscheinen, sonst wäre sie gar nicht Alkmene gewesen. Die "rasende Behauptung" allein ist für sie so ungeheuerlich, dass sie an ihrem Bewusstsein zu zweifeln beginnt. Doch die Unterstellung ist zu fürchterlich, als dass sie es wagte, alles für einen bösen Traum zu halten.

Ihre Existenz gründet ja nicht allein im Ich, sondern ebenso im Du, oder anders ausgedrückt: Das Sein ihres Daseins ist die Wirheit.[1] Daraus erwächst ihr auch die Gewissheit: "Nicht ich, nicht er, sind einer Tücke fähig." Wie nun dieser Bezug vom Ich zum Du, dieses Miteinandersein im Wir, zerstört zu werden droht, versucht sie vom Du her das Unverständliche zu begreifen; sie er-innert sich der Worte ihres Amphitryon, sie er-wägt seinen Schmerz und ist bereit - trotz ihrer unwiderlegbaren Sicherheit -, beides ebenfalls, auf seine Waagschale zu legen, bereit, dem Du mehr zu glauben als sich selbst und sich die im Grunde unmögliche Frage zu stellen: "Hast du wohl geirrt?"

Ebenso geistvoll wird des Gottes "doppelsinniger Scherz" vom Schmerz des Gatten unterschieden. Allein die Wortfolge trennt den göttlichen und menschlichen Nebenbuhler (1128-33 und 1135-40). In der Mitte steht - trennend und verbindend - die Sicherheit im liebenden Wir: "Nicht ich, nicht er, sind einer Tücke fähig" (1134). Aber auch Alkmenes unbewusstes Verhältnis zu den beiden Amphitryonen macht die Sprache sichtbar. Bei Amphitryon er-innert sie sich seiner Worte (ihr eignes Blut wider sie zeugen zu lassen), sie erwägt seinen Schmerz und versucht den Weg vom Du zum Ich zurück zu gehen. Anders jedoch beim Olympier. Dessen "doppelsinniger Scherz" zuckt ihr durch das Gedächtnis, wie schon bei seinem ersten Erscheinen "es zuckend (ihr) durch alle Glieder fuhr" (940). Es geschieht ihr, ebenso wie ihr Jupiters Besuch widerfahren ist.

Schliesslich tut Alkmene auch den dritten entscheidenden Schritt in Jupiters Dialektik der Unterscheidung. Was zunächst zwangsweise, gemäss dem Gesetz der Sprache, nebeneinander gestellt, dann in der Wirklichkeit durch die Rückkehr des Feldherrn bestätigt wurde, das dringt jetzt auch in ihr Bewusstsein. Im Chiasmus "da der Geliebte, Amphitryon, ... mir auf Amphitryon den Gatten schmähte" erwägt sie zum ersten Mal die entsetzliche Möglichkeit, dass sie in jener Nacht einen Betrüger empfangen hat; ihr Verstand trennt Geliebten und Gatten, die ihr innerstes Gefühl der Trennung widersprechend doch immer nur als den einen, eben als Amphitryon, wahr-nehmen kann.

Was das klassische Drama des Idealismus im Zusammenprall von "besonderen Gewalten", die sich in je einem menschlichen Pathos verwirklichen, darstellt,[2] das verlegt Kleist ins Innere der einzelnen Gestalt.

---

1 Vgl. dazu Ludwig Binswanger, Grundformen und Erkenntnis menschlichen Daseins, Zürich 1942, S. 126.

2 "Das ursprünglich Tragische besteht nun darin, dass innerhalb solcher Kollision beide Seiten des Gegensatzes für sich genommen Berechtigung haben, während

Diesen tragischen Konflikt, die zwei einander widersprechenden "Wahrheiten", kennen wir auch aus den Novellen. Ebenso erhebt in der "Marquise von O..." der Arzt die "rasende Behauptung", sie sei schwanger;[1] ebenso stehen einander widersprechend das untrügliche Zeichen der Wirklichkeit und das reine Bewusstsein sich gegenüber. Auch im "Zweikampf" widerstreiten sich das Bewusstsein, rein von Schuld zu sein "wie die Brust eines neugeborenen Kindes, wie das Gewissen eines aus der Beichte kommenden Menschen, wie die Leiche einer, in der Sakristei, unter der Einkleidung, verschiedenen Nonne"[2] und das scheinbar eindeutige, geheiligte Urteil Gottes und drohen die verzweifelte Littegarde zu vernichten. Und ebenso steht hier Alkmene vor dem dräuenden Abgrund des Wahnsinns:

> Wie Schaudern jetzt, Entsetzen mich ergreift
> Und alle Sinne treulos von mir weichen, -
> (1139f.)

Doch die letzte Zuspitzung und der Zusammenbruch erfolgen erst, wie sie sich der empirischen Wirklichkeit zuwendet, wie sie im Diadem das untrügliche Zeugnis zu finden hofft, das ihr alles widerlegen soll, was Gedächtnis und Erinnerung an Bedrohlichem ihrem innersten Gefühl entgegensetzten, und wie diese Wirklichkeit auf einmal hohnvoll alle Ansprüche, die an sie gestellt werden, zurückweist und den Menschen zerbricht.

Beachten wir, wie auch hier der Gegenstand nicht einfach ist, sondern erst in einem Anschauen "im Hinblick auf ..." Be-deutung gewinnt und erkannt werden kann. Kleist hat selbst einmal in einem Brief auf diesen Umstand hingewiesen:

> "Denn es kommt überall nicht auf den Gegenstand, sondern auf das Auge an, das ihn betrachtet ..."[3]

Und so sucht Alkmene in diesem Diadem - das ihr einst Gürtel war - nur ihren Amphitryon zu erkennen. Sie will "den werten Namenszug, / des lieben Lügners eignen Widersacher, / bewegt an die entzückten Lippen drücken" (1144ff.); sie er-

---

sie andererseits dennoch den wahren positiven Gehalt ihres Zwecks und Charakters nur als Negation und Verletzung der anderen, gleichberechtigten Macht durchzubringen imstande sind und deshalb in ihrer Sittlichkeit und durch dieselbe ebensosehr in Schuld geraten."
Hegel, Aesthetik, III. Teil, S. 523; Suhrkamp Werkausgabe, Bd. 15, Frankfurt a.M. 1970.
1 Ges.Ausg. II, S. 120.
2 "Der Zweikampf", Ges.Ausg. II, S. 253.
3 An Karl Freiherrn von Stein zum Altenstein, Königsberg, den 13. Mai 1805. Ges.Ausg. II, S. 752.

wartet in diesem Zeichen der Wirklichkeit den Namen wiederzufinden, der noch als
Einheit umfasst, was Jupiters Spitzfindigkeiten in Geliebten und Gemahl trennten.
In einem grossen Bogen verbindet diese Periode Ich und Wirklichkeit. Doch
wie das Gewölbe nur stehen kann, wie all die Blöcke, die stürzen wollen - die
widersprechenden Behauptungen und Gedanken - nur zu halten vermögen, wenn die
zwei Grundsteine fest in ihren Widerlagern aufruhen, so muss auch hier diese
Brücke vom Ich zur Wirklichkeit zusammenstürzen, wie sich diese mit ihrem äffenden Doppelgesicht als wankender Grund erweist; hoffnungslos sieht sich nun das
Ich vor den anklagenden Trümmern ganz auf sich selbst zurückgeworfen.

So steht Alkmene am Schluss dieser Verse vor der vernichtenden Antinomie.
Was hier gleichsam als Exposition kurz bedacht und erwogen wurde, wird im weitern Verlauf der Szene nochmals im einzelnen aufgenommen und als mögliche Lösun
des Widerspruchs erprobt.

Charis lebt in einer gänzlich andern Welt, wo Mensch und Gegenstände gleichermassen nur in ihrer Körperlichkeit vorhanden sind. Sie will nun, ausgehend
von der Wirklichkeit, kausal folgernd auf den nächtlichen Besucher zurückschliesse
Aber Alkmene unterbricht sie, bevor sie den drohenden Schluss gezogen hat und
setzt allem Zweifel ihre untrügbare Sicherheit des Gefühls entgegen.

> O Charis! - Eh will ich irren in mir selbst!
> Eh will ich dieses innerste Gefühl,
> Das ich am Mutterbusen eingesogen,
> Und das mir sagt, dass ich Alkmene bin,
> Für einen Parther oder Perser halten.
> Ist diese Hand mein? Diese Brust hier mein?
> Gehört das Bild mir, das der Spiegel strahlt?
> Er wäre fremder mir, als ich!
> (1154-61)

Wie auf Charis' Folgern die rasende Behauptung Alkmene erneut voll zum
Bewusstsein kommt, weiss sie wieder mit untrüglicher Sicherheit, dass ein Irrtum
völlig ausgeschlossen war. Sie kann und will mit ihrer ganzen Existenz dafür ein-
treten; eher will sie ihr innerstes Gefühl, das sie unwiderlegbar - aber auch unbeweisbar -[1] ihrer selbst versichert, das ihr sagt, Alkmene zu sein, als etwas

---

1 Vgl. die komische Variante bei Amphitryon:
  Erster
  Feldherr   Und fühlt Ihr wirklich Euch Amphitryon,
              Wie wir in diesem sonderbaren Falle
              Zwar hoffen, aber auch bezweifeln müssen,

Fremdes anerkennen. Ihr Ich ist in der Liebe des Du gegründet. Daher kann ihr in diesem liebenden Miteinandersein das Du gar nicht fremder sein als sie selbst. [1]

Und so setzt sie der beleidigenden Unterstellung, dass sie sich getäuscht habe, ihre alles widerlegende, innige Vertrautheit entgegen: "Er wäre fremder mir als ich!"

Damit wird die Frage von Giraudoux: "Fidèle au mari ou fidèle à soi-même?" [2]

bei Kleist zum Pleonasmus, denn Ich- und Du-Gewissheit fallen hier zusammen, wie in der Treue zum Ich, das erst in der Liebe zum Du ist, immer schon die Treue zu diesem Du mit eingeschlossen ist.

"Es bedeutet die Treue zu sich-selbst als demjenigen Selbst, das sich nur hat und weiss im Sich-Dir-Schenken und als Geschenk Deiner, die also Treue zu sich-selbst nur ist ineins mit Treue zu Dir. Wir können diese Treue auch bezeichnen als die Treue des Miteinander oder als das Miteinandersein als treues." [3]

Dann erklingt dieses unsäglich schöne Hohelied der Liebe, die mit ihrer unmittelbaren Erkenntnis des Herzens auf alle Sinne verzichten kann.

> Nimm mir
> Das Aug, so hör ich ihn; das Ohr, ich fühl ihn;
> Mir das Gefühl hinweg, ich atm' ihn noch;
> Nimm Aug und Ohr, Gefühl mir und Geruch,
> Mir alle Sinn und gönne mir das Herz:
> So lässt du mir die Glocke, die ich brauche,
> Aus einer Welt noch find ich ihn heraus.
> (1161-67)

Beachten wir den Gehalt dieser Metapher! Das Herz ist nicht ein besitzergreifendes Erkenntnisorgan wie etwa der Verstand, der mit dem Begriff die Sache selbst erklärt und zu besitzen glaubt. Die "Glocke" weiss nur der Geliebte zum

---

So wird es schwerer Euch, als ihm, nicht werden,
Uns diesen Umstand gültig zu beweisen.
.....
Und mit triftgen Gründen.
(1887-92)

1 "... da Du als Geliebte nur bist, insofern Ich als Liebender bin, bist das Worumwillen des liebenden Miteinanderseins nie 'Du-allein', sondern bin ich es auch, sind es, nur ein anderer Ausdruck für dieses reziproke Auch, Wir-beide."
Ludwig Binswanger, Grundformen und Erkenntnis menschlichen Daseins, Zürich 1942, S. 71.
2 Giraudoux, Amphitryon 38.
Verschiedene Kleist-Interpreten sind denn auch zu dem meines Erachtens falschen Schluss gelangt, dass Alkmene lediglich sich selbst, nicht aber Amphitryon treu bleibe.
3 Binswanger, a.a.O., S. 127.

Klingen zu bringen; erst in diesem Klang, wo Ich und Du zusammenschwingen, ist wahre Erkenntnis möglich. Es ist bezeichnend, dass Kleist das Sinnbild aus dem Bereich der Musik wählt. Die Musik ist jenseits jeder Diskursivität; sie braucht, um verstanden zu werden, keinen Umweg über ein Allgemeines der Begriffe zu machen, sondern spricht den Menschen unmittelbar an. [1]

Nochmals ertönt dieser Preis auf die unmittelbare Erkenntnis der Seele etwas später im Dialog zwischen Jupiter und Alkmene in einer ähnlichen Metapher:

> Wer könnte dir die augenblickliche
> Goldwaage der Empfindung so betrügen?
> Wer so die Seele dir, die weibliche,
> Die so vielgliedrig fühlend um sich greift,
> So wie das Glockenspiel der Brust umgehn,
> Das von dem Atem lispelnd schon erklingt?
> (1395-1400)

Die Seele selbst vermag in der Liebe, ohne die Mittlerrolle der Sinne oder den Umweg über Begriffe und Verstand, das geliebte Du zu be-greifen.

Eine wörtliche Reminiszenz dieser Verse finden wir in Kleists letzter Novelle, im "Zweikampf", wieder. Dort spricht Littegarde von den Anschuldigungen des Grafen Rotbart, "dass ihr aus dem Munde eines Parthers oder Persers, den sie nie mit Augen gesehen, eine solche Behauptung nicht hätte unerwarteter kommen können, ...". [2] Daneben gibt es noch viele andere Anklänge und Parallelen. Ebenso wie hier Amphitryon seine rasende Behauptung aufstellt, steht dort diejenige Rotbarts; ebenso spricht das Zeichen der Wirklichkeit, hier das Diadem mit dem J, dort der Ring, gegen die Unschuld der Frau; und ebenso hat Littegarde wie Alkmene keinen andern Zeugen als die eigene Gewissheit der Unsträflichkeit ihres Lebenswandels.

Die Entsprechung in der "Marquise von O...", wo die Schwangerschaft selbst gegen die Gewissheit ihrer Unschuld zeugt, haben wir bereits erwähnt. Auch in anderen Novellen und Dramen findet sich eine Vielzahl von weiteren Parallelen, wörtlichen Uebernahmen und entsprechenden Motiven.

---

1 Dieses Ungenügen der Sprache für die Liebe und das Hinüberwechseln in den Bereich der Musik finden wir auch bei Hölderlin.
  "Wir sprachen sehr wenig zusammen. Man schämte sich seiner Sprache. Zum Tone möchte man werden und sich vereinen in Einen Himmelsgesang." Hyperion an Bellarmin (über seine erste Begegnung mit Diotima). Hölderlin, Sämtliche Werke, Band 3, hg. von Friedr. Beissner, Stuttgart 1965,S.5
2 "Der Zweikampf", Ges.Ausg. II, S. 240.

Doch wenden wir uns wieder dem Text zu. Eilfertig nimmt Charis ihre anfänglichen
Zweifel zurück und sucht die Herrin in ihrer Sicherheit zu bestätigen. Aber welch
ein Unterschied! - Sie lebt wie ihr angetrauter Sosias mit seinen Rüpeleien in
einer Welt der derbsten Körperlichkeit. Und so kommt sie begütigend zum Schluss,
d r in seiner komisch ernüchternden Direktheit jeder aufkommenden Tragik die
Spitze bricht:

> Gewiss! Wie konnt ich auch nur zweifeln, Fürstin?
> Wie könnt ein Weib in solchem Falle irren?
> Man nimmt ein falsches Kleid, ein Hausgerät,
> Doch einen Mann greift man im Finstern.
> (1168-71)

Ebenfalls bezeichnend für diese Welt ist das folgende rein quantitative Argument:

> Zudem, ist er uns allen nicht erschienen?
> Empfing ihn freudig an der Pforte nicht
> Das ganze Hofgesind, als er erschien?
> Tag war es noch, hier müssten tausend Augen
> Mit Mitternacht bedeckt gewesen sein.
> (1172-76)

Darauf wendet sich Alkmene ebenfalls dieser Wirklichkeit zu, und sogleich
gerät sie wieder in den quälenden Zwiespalt. Die Wirklichkeit scheint wider sie zu
zeugen. Ratlos stellt sie sich die Frage, warum ihr denn dieses fremde Zeichen,
das jetzt der Gewissheit ihres Gefühls eine ebenso unleugbare "Wahrheit" entgegen-
setzt, nicht gleich zu Anfang aufgefallen sei. Ja, sie geht noch einen Schritt weiter
und wagt den Weg am Rande des Abgrundes zu gehen. Jetzt, in der Welt der Diskursivität, beginnt sie zu folgern; der Verstand versucht, die einzelnen Teile zu
einem Ganzen zu fügen.

> Wenn ich zwei solche Namen, liebste Charis,
> Nicht unterscheiden kann, sprich, können sie
> Zwei Führern, ist es möglich, eigen sein,
> Die leichter nicht zu unterscheiden wären?
> (1181-84)

Für Alkmene umfasst der Name bereits das Wesen des Menschen;[1] Name
und Person sind eine untrennbare Einheit. Doch damit eröffnet sich die vernichtende

---

1 Die bekannte Stelle in der "Familie Schroffenstein" bezeichnet den Namen als
"die freundliche Erfindung / mit einer Silbe, das Unendliche / zu fassen ..."
(758ff.).

Möglichkeit, dass der fremde Namenszug einem fremden Feldherrn angehören könnte, dass dieser ebensowenig von Amphitryon zu unterscheiden gewesen wäre wie das Zeichen des Diadems. Drohend erhebt sich die verrätselte Wirklichkeit und reckt dem Menschen ihr äffendes Doppelgesicht entgegen.

Und doch schreckt Alkmene vor der letzten Konsequenz zurück; noch wagt sie es nicht, selbst den Schluss zu ziehen, einen Schluss, der, wie sie weiss, sie völlig zerstören müsste. So überlässt sie den Entscheid, ob ein derartiger Zufall in der Wirklichkeit überhaupt möglich sei - wie schon die Bestätigung, dass ein J das Diadem ziere -, ihrer Dienerin, die völlig in eben dieser Wirklichkeit lebt.

Auf diese scheinbar erneuten Zweifel erinnert Charis die Fürstin an ihre eben noch so inständig beteuerte Gewissheit:

> Ihr seid doch sicher, hoff ich, beste Fürstin? -
> (1185)

Damit wird Alkmene wieder auf sich selbst verwiesen. Sie wendet sich vom widersprechenden Schein der Wirklichkeit ab und gewinnt in ihrem Ich-Sein erneut die untrügbare Sicherheit, dass sie Amphitryon in Armen gehalten. Nun vermag sie abermals mit ihrer ganzen Existenz dafür einzutreten, dass er es war. Sie konnte sich gar nicht täuschen, sie ist sich dessen so sicher wie ihrer selbst, wie ihrer reinen Seele und ihrer Unschuld.

Halten wir hier einen Augenblick inne. In der Literatur wird immer wieder Alkmenes unfehlbares absolutes Gefühl hervorgehoben, das unverwirrbar trotz aller Versuchungen und einer widersprechenden Wirklichkeit in seliger Sicherheit in sich selber ruht. Gerhard Fricke sieht gar das Anliegen der Dichtung in diesem

> "überschwänglichen Preis der unbedingten, unmittelbar gewissen, allen Verwirrungen und Anfechtungen schlechthin überlegenen, rettenden Macht des Gefühls."[1]

Oder etwas später bezeichnet er als Grundthema der Dichtung:

> "dass der Mensch in dem absolut-individuellen, metaphysischen Gefühl seiner selbst, in der unmittelbaren Einheit mit seinem ewigen Ich eine Kraft besitzt, die ihn nicht wanken lässt, an der die ganze widersprechende Wirklichkeit zerschellt."[2]

---

1 Gerhard Fricke, Gefühl und Schicksal, S. 76.
2 Ib., S. 85.

Es ist dies allerdings eine Erkenntnis, die zunächst allein dem Interpreten oder dem Leser zuteil wird; für Kleists Gestalten, die ja nur in eben dieser Wirklichkeit wahrhaft sein können, bleibt jedoch der vernichtende Widerspruch bestehen, solange nicht der Verstand den Irrtum zu heben vermag und die scheinbare "Wahrheit" der Wirklichkeit als Schein oder als Teilwahrheit erkannt werden kann. Falls es nicht gelingt, diese Antinomie zu lösen, müsste der Mensch - trotz seines innersten Gefühls, das unbeweisbar die Wahrheit besitzt - an der verrätselten Wirklichkeit zerbrechen.

Das gilt auch für Alkmene. Gewiss ist ihr Gefühl untrügbar und unwiderlegbar; aber die Zeichen der Wirklichkeit und des Gatten Worte verdichten sich zu einer ebenso unwiderlegbaren, widersprechenden "Wahrheit". Ihr Bewusstsein verwirrt sich vor dieser Antinomie und treibt sie in die Verzweiflung.

Unbeirrbarkeit in einem absoluten Sinne, das heisst eine völlig unzerstörbare Sicherheit - allerdings unter Auslassung der Wirklichkeit -, besitzt nur Käthchen. Doch eine solche ist dem Menschen nur noch im Märchen vergönnt, in einem paradiesischen Zustand der Unschuld, wo ihm ständig ein Cherubim schützend zur Seite steht. Käthchen lebt nicht, oder besser: noch nicht in der Wirklichkeit. Es besitzt kein eigentliches Bewusstsein (Es schläft wie ein Murmeltier und träumt wie ein Jagdhund.[1]). Daher erkennt es auch das geliebte Du noch nicht und damit auch nicht sein Ich. Von allem weiss es nichts ("Weiss nit, mein hoher Herr."). Sein wahres Sein, die Liebe zum Grafen vom Strahl, jedoch nicht in einer einseitigen Relation - Liebe kann das ja nie sein -, sondern im liebenden Miteinander-Sein, hat bis anhin in der Wirklichkeit keinen Platz gefunden. Damit kann Käthchen auch von dieser Liebe noch nichts "wissen".

Nur in Schlaf und Traum, in einem Sein ausserhalb von Zeit und Raum, in jenem Reich, wo noch der Cherubim schützend seine Hand über den Menschen hält, lebt sie in der Gewissheit dieser Liebe, nur dort kennt sie den Grafen als ein Du.[2] Was sie in der Wirklichkeit mit dem Grafen verbindet, seit seinem Erscheinen in des Vaters Werkstatt, wo sie, "als ob sie ein Blitz niedergeschmettert hätte", vor ihm niederstürzte, ist allein ein Gefühl vor allem Wissen.

Erst später, wie der Graf vom Strahl Käthchen seine Liebe gesteht, erlangt sie ein Bewusstsein; erst mit diesem Geständnis schenkt er Käthchen gleichsam ihr Ich. Und jetzt erkennt sie auch in ihm das Du. Nun heisst es nicht mehr "mein hoher Herr", sondern "mein Friedrich". Im Namen ist beides versöhnend verbunden, das

---

1 "Das Käthchen von Heilbronn", Ges. Ausg. I, S. 504, Vers 2049f.
2 Vgl. dazu die Szene unter dem Holunderstrauch, Vers 2019-2145.

geliebte Du und der Graf vom Strahl, Geliebter und Gemahl. Nunmehr, wie diesem wahren Sein, dem unendlichen und ewigen Sein in der Liebe, auch in der endlichen Wirklichkeit Platz einge-räumt wird, gewinnt Käthchen eine Existenz, eine Welt, die damit wahr und wirklich geworden ist.

Alkmene aber ist schon immer in dieser Wirklichkeit. Sie lebt bereits im Bezug zu einem Du. In Amphitryon, wo Geliebter und Gemahl eins sind, sind für sie beide Welten, die des Gefühls und des Verstandes, Wahrheit und Wirklichkeit, versöhnt und vereint. Damit nun aber das Dasein wahrhaft und sinnvoll sein kann, ist der Mensch auf diese Einheit angewiesen.

Mit der "rasenden Behauptung" und dem Zeichen des Diadems zerfällt diese jedoch. Die Ich-Du-Gewissheit im innersten Gefühl und die Aussage der Wirklichkeit, beide mit unzweifelhaftem Anspruch auf Wahrheit, treffen in tödlichem Widerspruch aufeinander. Es hiesse daher den vernichtenden, tragischen Zwiespalt verkennen, wenn man das Gefühl als unbeirrbar und untrüglich - was es auch ist - anspricht, die Wirklichkeit aber als nebensächlich glaubt vernachlässigen zu können; denn das Gefühl erhält ja allein im Bezug zu dieser Wirklichkeit seinen Sinn, in dieser muss es sich bewähren. Somit darf die zerstörerische Antinomie, der sich Kleists Gestalten ausgesetzt sehen, nicht einfach verwischt werden.

Nicht nur widerspricht die Wirklichkeit dem Gefühl, sondern sie stellt mit ihren Beweisen den Grund dieses Gefühls, die Möglichkeit einer Existenz überhaupt in Frage; denn das Du kann und konnte ja nur in der Wirklichkeit erscheinen. Eine Flucht vor diesem Widerspruch, ein Sich-Zurückziehen auf das Gefühl, an dem die Wirklichkeit zerschellt - wie dem Helden im Drama des Idealismus in der Idee unzerstörbar ein Sinn erhalten blieb -, ist damit nicht möglich. Der vernichtende Konflikt wendet sich ins Innere von Alkmene. Die Katastrophe scheint unausweichlich. Nur die winzige Hoffnung, dass ihr Amphitryon das Diadem mit einem fremden Namenszug überreicht hat, macht es möglich, den zerreissenden Widerspruch noch zu ertragen.

Doch kehren wir nochmals zu Alkmenes Gewissheit zurück. Wie Charis der Fürstin Zwiespalt als Zweifel auslegen will - Zweifeln würde ja ein unsicheres Schwanken zwischen zwei Möglichkeiten bedeuten; hier aber treffen zwei "Wahrheiten" aufeinander -, da antwortet diese aufs neue mit ungebrochener Sicherheit. Wie allein ihr Gefühl zum Entscheid aufgerufen wird, ist sie abermals bereit, mit ihrer ganzen Existenz, mit ihrer reinen Seele, ihrer Unschuld dafür einzutreten, dass Amphitryon sie besucht hat.

Selbst hier, wo Alkmene aus der untrüglichen, unteilbaren Einheit ihres innersten Gefühls spricht, schillert die Sprache in Doppeldeutigkeit und eröffnet dem Zuschauer, der gleichsam auf den Höhen des Olymps thronend den Vorteil des Ueberblicks hat, zwei Perspektiven. Einerseits weist die Vielzahl der göttlichen Prädikate auf Jupiter; anderseits wirft die Sprache auch ein Licht auf das Wesen von Alkmenes Liebe.

> Du müsstest denn die Regung mir missdeuten,
> Dass ich ihn schöner niemals fand, als heut.
> Ich hätte für sein Bild ihn halten können,
> Für sein Gemälde, sieh, von Künstlershand,
> Dem Leben treu, ins Göttliche verzeichnet.
> Er stand, ich weiss nicht, vor mir, wie im Traum,
> Und ein unsägliches Gefühl ergriff
> Mich meines Glücks, wie ich es nie empfunden,
> Als er mir strahlend, wie in Glorie, gestern
> Der hohe Sieger von Pharissa nahte.
> Er wars, Amphitryon, der Göttersohn!
> Nur schien er selber einer schon mir der
> Verherrlichten, ich hätt ihn fragen mögen,
> Ob er mir aus den Sternen niederstiege.
> (1187-1200)

Es bleibt aber nicht allein bei einer Ironie der Sprache. Die Blindheit, die geistlose Körperlichkeit, findet die Wahrheit, wie man einen Stein zufällig vom Wege aufhebt. Schon Sosias blieb es vorbehalten, auf seines Herrn Entsetzen die richtige Antwort zu geben: "Was über Euch verhängt ist? Ihr seid doppelt" (901). Ebenso sagt hier Charis in ihrer beschwichtigenden Erklärung die Wahrheit: "Einbildung, Fürstin, das Gesicht der Liebe" (1201).

Was Alkmene in der Erinnerung von ihrem Amphitryon spricht, ist wahrhaft Ein-Bildung, das Gesicht der Liebe. Es ist das "Bild" Amphitryons, das Alkmene immer schon liebend in sich bewahrte; aber nicht etwa ein Bild, das sie sich, dem Pygmalion gleich, als Idol erschaffen hat, nein, es ist dies das wahre, wesenhafte Bild des Geliebten, sein Urbild, das platonische eidos.

Allein die Liebe lässt dieses wahre Bild des Geliebten offenbar werden. Damit wird jedoch das "wirkliche" Du nicht übergangen, vielmehr ist in der Liebe beides vereint. Auch wird das Ideal vom Ich nicht eifersüchtig für sich selbst gehütet, nein, im Miteinandersein der Liebe wird dem Du dieses, sein wahres Bild zum liebenden Geschenk. Erst damit vermag das Du sich selbst zu erkennen und es selbst zu werden; es empfängt sein Bild, sein Telos, als die ständige Aufforderung, sich zu diesem hin zu verwirklichen.

Auf geistvolle Weise eröffnet zudem die von Charis hingeworfene Bemerkung in ihrer Ambivalenz eine objektive wie auch eine subjektive Perspektive: Einerseits meint das "Gesicht der Liebe" die Erscheinung der Liebe, anderseits aber bedeutet es auch das Schauen der Liebe.

Für Alkmene kann es gar keine Zweifel geben. Das Erscheinen Jupiters in des Gatten Gestalt ist paradoxerweise tatsächlich die Bestätigung ihrer Sicherheit, dass es Amphitryon war. Denn der Olympier ist, wie das in den meisten Interpretationen richtig hervorgehoben wird, kraft seiner Göttlichkeit in allem weit stärker Amphitryon als sein sterblicher Nebenbuhler.[1] Thomas Mann unterscheidet in seinem Essay die beiden Doppelgänger mit den Prädikaten "wahr" und "wirklich", in dem Sinne, wie wir sie bereits verwendet haben.

> "Der Allherr ist auf vollere, auf idealisch-wesentlichere Weise Amphitryon, als dieser, er übertrifft ihn im Er-selbst-Sein, er sticht ihn aus, und ihm, dem wahren Amphitryon, fliegt alle Anerkennung entgegen, nicht dem wirklichen."[2]

Wenn nun der wahre Amphitryon auch wirklich wird, wenn das Ideal in die Wirklichkeit eingeht und nicht nur als göttlicher Schein das sterbliche Abbild erhellt, so kann für Alkmene gar kein Zweifel aufkommen; sie muss in ihrer Liebe zum Schluss gelangen:

Er wars, Amphitryon, der Göttersohn![3]

(1197)

Alkmenes "Irrtum" scheint somit keiner gewesen zu sein. Diese Annahme lässt sich auch aus dem Text stützen. Allein aus der Wortwahl können Rückschlüsse auf den Sinn der Verse gezogen werden. So treffen wir auch hier wieder Wendungen mit spezifisch kleistischem Gehalt. Jupiter-Amphitryon stand vor Alkmene "wie im Traum". Der Traum aber weist wie Schlaf und Ohnmacht auf jenen paradiesischen

---

1 Eine analoge Stelle finden wir in Hölderlins "Hyperion", wo das wahre Wesen des Menschen ebenfalls dem Göttlichen zugewiesen wird.
   "... der Mensch ist ein Gewand, das oft ein Gott sich umwirft, ein Kelch, in den der Himmel seinen Nektar giesst, um seinen Kindern vom Besten zu kosten zu geben. -
   Ja, ja! fiel sie schwärmerisch lächelnd mir ein, dein Namensbruder, der herrliche Hyperion des Himmels ist in dir."
   A. a. O., S. 76.
2 Thomas Mann, Amphitryon, Eine Wiedereroberung, in WdF, S. 84.
3 Treffend kommentiert dies auch Jacques Brun:
   "... car l'Amour est idéaliste et va toujours vers la plus grande perfection. Ce qui est supérieur dans un même ordre de réalité, est plus vrai que ce qui est inférieur."
   J. B. L'Univers Tragique de Kleist, Paris 1966, S. 131.

Zustand vor dem Sündenfall der Erkenntnis, auf ein Sein nahe dem göttlichen Urquell, in dem kein Irrtum möglich ist.

Aber dieses wesenhafte, göttliche Sein liegt gänzlich ausserhalb von Sprache
und Verstand. Allein ihr Gefühl bleibt Alkmene hier als Erkenntnisorgan: "Und ein
unsägliches Gefühl ergriff / mich meines Glücks ...". Aber eben, es ist dies ein
Gefühl, das sich jeglicher Diskursivität, jedem Wissen entzieht: "ein un-sägliches
Gefühl"; "er stand, ich weiss nicht, vor mir ...".

Diese untrügliche Gewissheit des Ich, die Sicherheit des innersten Gefühls
werden jedoch gleich wieder gestört. Mit vernichtender Gewalt erheben sich erneut
die gegenteiligen Beweise, die diese Sicherheit Alkmenes zu widerlegen scheinen.
Die Worte Jupiters aus jener schönsten Nacht werden wieder ins Gedächtnis ge-
rufen; erst jetzt gewinnen sie Macht und Wirklichkeit. Nun reflektiert der Verstand
über jenen "doppeldeutgen Scherz" und lässt Alkmene in einem Folgern am Rande
des Abgrundes die Frage stellen:

> War ers, dem ich zu eigen mich gegeben,
> Warum stets den Geliebten nannt er sich,
> Den Dieb nur, welcher bei mir nascht?
> (1205ff.)

Sogar der Dienerin Beruhigung, dass Amphitryon selbst den Namenszug anerkannt habe, erfüllt ihren Zweck nicht; vielmehr verweist sie damit die Fürstin aufs
neue auf die Gegenbeweise, die ihrer Sicherheit widersprechen: das Zeichen der
Wirklichkeit und die rasende Behauptung Amphitryons.

Wie Toni beim gefesselten Gustav, die verleumdete Littegarde, Johann, der
durch Agnes Hand den Tod empfangen will, Eve mit dem zertrümmerten Krug und
viele andere Gestalten Kleists, so steht hier Alkmene mit der gegen sie zeugenden
Wirklichkeit für sich allein, ohne jeden Beweis für ihre Unschuld.[1] Ja, wenn Alkmene einst glaubte, sich auf das Diadem berufen zu können, so wendet sich jetzt
dieses gleiche Zeichen der Wirklichkeit unbarmherzig gegen sie. Eine Welt der
Diskursivität, eine Welt, wo "der Verdacht der Männer" alles misstrauisch prüft,
wo kausal gefolgert wird und die Wirklichkeit zum letzten, eindeutigen Beweis wird,
erhebt sich gegen die untrügbare, aber auch unbeweisbare Sicherheit des Gefühls.

---

1 Vgl. besonders mit der Gestalt Littegardes im "Zweikampf":
  "Rudolf, vor Entrüstung flammend, fragte sie, indem er sich zu ihr wandte:
  ob sie einen Zeugen für die Nichtigkeit der Beschuldigung für sich aufstellen
  könne? und da sie unter Zittern und Beben erwiderte: dass sie sich leider auf
  nichts, als die Unsträflichkeit ihres Lebenswandels berufen könne..."
  Ges.Ausg. II, S. 237.

Und so schliesst diese Szene trotz allen Erwägens, Bedenkens und dem An-
gehen des Rätsels von verschiedenen Seiten her mit der unlösbaren, paradoxen
Antinomie:

> Ja, schwör ich auf den Altar gleich, dass er
> Mir das Gestein selbst gestern überreicht,
> Bin ich wohl sicher, sprich, dass ich auch gestern
> Das Zeichen, das hier steht, von ihm empfing?
>
> (1231-34)

———————

Wir haben die Problematik, die sich aus dem Auftreten eines zweiten "Amphitryon" ergab, bis anhin fast ausschliesslich aus der Sicht Alkmenes betrachtet. Es
gilt nun zu versuchen, einen "objektiven" Standpunkt zu gewinnen; wie deutet Kleist
selbst seine Alkmene? wie soll sie der Zuschauer sehen? welche Bedeutung erhält
sie in der Beziehung zu den andern Gestalten?

Werfen wir fürs erste einen Blick auf die Sekundärliteratur, um aus dieser
Fülle ein paar Beispiele von möglichen Interpretationen zu geben.

Goethe, der im "Amphitryon" ein "bedeutendes, aber unerfreuliches Meteor
eines neuen Literatur-Himmels" sieht,[1] äussert sich darüber weiter: Kleist "geht
bei den Hauptpersonen auf die Verwirrung des Gefühls hinaus."[2] Dank der Autorität
des Weimarer Dichterfürsten hat sich diese These dann auch hartnäckig gehalten
und wird selbst in neuesten Interpretationen wieder aufgegriffen. Das Gefühl jedoch,
wir sagten es schon, kann sich nicht verwirren. Vielmehr steht Alkmene vor der
zerstörenden Antinomie der Aussagen von Gefühl und Wirklichkeit. Was sich daher
allenfalls verwirrt, ist das Bewusstsein.[3]

Diese zwei sich widersprechenden "Wahrheiten" weisen auf ihre beiden Er-
kenntnisobjekte zurück, auf Jupiter und Amphitryon. In diesem Spannungsfeld zwischen Gott und Gatten steht Alkmene während des ganzen Stückes. Und so sieht denn
eine grosse Zahl von Interpreten in der Frage nach der Treue das zentrale Thema
der Dichtung: Hat Alkmene Amphitryon die Treue gehalten oder nicht? - Wie müsste
demnach bei einer solchen Fragestellung Alkmenes Entscheid für Jupiter-Amphitryon gedeutet werden?

———————

1 Tag- und Jahreshefte, 15. Juli 1807.
  Sembdner, Lebensspuren, S. 124.
2 Ib.
3 Zu diesem Schluss kommen Benno von Wiese (Die dt. Tragödie, S. 307) u.a.

Gerhard Fricke, Günter Blöcker, Jacques Brun, Siegfried Streller und Benno von Wiese kommen aus einer gewissermassen existentialistisch-idealistischen Perspektive (d.h. das Ideal ist nicht nur als transzendenter Schein verstehbar, sondern es tritt selbst in die Wirklichkeit) zum Schluss, dass der Olympier ebenfalls Amphitryon ist.[1]

Thomas Mann spricht, ohne besondere Betonung des Bezugs zur Wirklichkeit, vom "wahren" Amphitryon.[2] - (Allerdings ist dieser "Amphitryon" nicht nur wahr, sondern auch wirklich.)

Ernst Fischer lässt, gleichsam aus "realistischer Sicht", Alkmene die Prüfung der göttlichen Verführungskünste nicht bestehen: Sie wählt den Gott.[3]

Erich Schmidt deutet Jupiter in romantisch-christlicher Weise im Sinne Adam Müllers als "den göttlichen Liebesgeist".[4]

Walter Muschg und Ernst von Reusner verkürzen die Problematik um die Dimension der Wirklichkeit; Alkmene bleibt sich selbst, ihrer Liebe zu Amphitryon treu.[5]

Aber selbst mit einer Deutung von Jupiter-Amphitryon ist die Frage der Treue noch nicht entschieden. Es gibt ja immer auch noch Amphitryon, den Feldherrn, der als der geprellte Ehemann danebensteht. Es müsste daher ebenfalls geklärt werden, wie wir ihn zu sehen haben, in welchem Verhältnis er zu seinem göttlichen Nebenbuhler steht. Und nicht zuletzt gilt es die Frage nach Jupiter zu stellen - es gibt ja nicht nur den wesenhaft-wahren "Amphitryon", sondern auch, und zwar vor allem, den Gott.

---

1 Fricke spricht vom Gott, "der kraft seiner Allmacht die bloss täuschende Nachahmung des Gemahles zur Reduplikation, zur Wirklichkeit zu machen vermag..." (a.a.O., S. 88).
"Zeus hat den fehlerhaften Menschen Amphitryon in die Vollkommenheit erhoben, indem er sich seines Körpers bediente und ihn mit allen Attributen des Göttlichen ausstattete." (Günter Blöcker, Heinrich von Kleist oder das absolute Ich, Berlin 1960, S. 166.)
"Elle n'hésite pas entre le mari et l'amant mais, tout au plus, entre la version humaine d'Amphitryon et sa version divine." (Jacques Brun, L'Univers Tragique de Kleist, Paris 1966, S. 129.)
"Er (Jupiter) ist jedoch ein vergöttlichter, in allen äusseren und auch in allen seelischen Zügen ein viel vollkommenerer Amphitryon." (Siegried Streller, Das dramatische Werk Heinrich von Kleists, Berlin-Ost 1966, S. 92.)
"Aber indem der Gott Amphitryon ist, ist er zugleich mehr als Amphitryon, ein gesteigerter, ganz vom Gotte durchdrungener Amphitryon ..." (Benno von Wiese, Die deutsche Tragödie von Lessing bis Hebbel, Hamburg 1967[7] (1. Aufl.1948), S.306.)
2 Thomas Mann, a.a.O., S. 84.
3 Ernst Fischer, Heinrich von Kleist, "Sinn und Form" 1961, in WdF,Darmstadt 1967, S. 502.
4 Erich Schmidt, Heinrich von Kleist als Dramatiker (1902), in WdF,Darmstadt 1967, S. 17.
5 "In keiner Stunde ist sie ihrer Liebe zu Amphitryon untreu, wohl aber deren

Dieser Krux der Vielfalt der Bezüge vermochte daher auch keine Interpretation, die das Hauptanliegen der Dichtung im Bewahren der Treue suchte, zu entgehen. Denn was in ontologischer Hinsicht eines ist, erscheint phänomenologisch gesehen zweifach in der Wirklichkeit. Und so ist jede dieser Lösungen immer irgendwie schief und unbefriedigend, überall ist ein Ja und ein Nein unlösbar miteinander verflochten.

Die Interpretationen Frickes und seiner Nachfolger, die von einem existentialphilosophischen Ansatz ausgehen, können somit in ihrer eher statischen Betrachtungsweise dem Stück nicht überall gerecht werden. Mit Recht weist daher Peter Szondi darauf hin, dass die Frage, ob Alkmene Amphitryon treu bleibt oder nicht, falsch gestellt ist.[1] Dabei bleibe unbeachtet, dass sich ihr Bewusstsein während des Stücks ändere.

Dieser gleichsam "dynamischen Betrachtungsweise" werden ganz besonders der marxistischen Literaturwissenschaft verpflichtete Interpreten gerecht.[2] Bei ihnen stehen die verschiedenen Stufen des Bewusstseins im Mittelpunkt des Kleistischen Dramas. Allerdings greifen ihre Deutungen auch wieder zu kurz, indem das Augenmerk ausschliesslich auf diesen Bewusstseinsprozess gerichtet wird.

Es kann nicht die Absicht sein, mit diesen Bemerkungen das Problem zu einer ideologischen Frage werden zu lassen.[3] Dagegen soll dieser "dynamische Aspekt" für unsere weitere Deutung ebenfalls nutzbar gemacht werden. Ausserdem hat schon Goethe am "Amphitryon" Kleists Talent für das Dialektische hervorgehoben - ohne jedoch diesen Ansatz für eine ausführliche Deutung zu verwenden.[4] Auch in den andern Dramen und sogar in einigen Novellen ist eine dialektische Struktur erkennbar.[5] Und im Aufsatz "Ueber das Marionettentheater", auf den noch zurückzukommen ist, wird diese dialektische Struktur - als Prinzip der Geschichte der Menschheit - selbst zum Thema jenes Gesprächs.

---

irdischen Empfänger." (Walter Muschg, Kleist, Zürich 1923, S. 144.)
"Sie bleibt sich und ihrer Liebe, dem Amphitryon in ihr, jedoch nicht einem Du ausser ihr, treu." (Ernst von Reusner, Satz - Gestalt - Schicksal, Berlin 1961, S. 98.)
1 Peter Szondi, Satz und Gegensatz, Frankfurt a. M. 1964, S. 55f.
2 Neben P. Szondi noch E. Fischer, Gerh. Jancke und S. Streller.
3 Eine interessante Gegenüberstellung der "bürgerlichen" und der marxistischen Kleist-Literatur der letzten zehn Jahre finden wir in einem Forschungsbericht von Manfred Lefèvre (Colloquia Germanica 1969, I, S. 1-86).
4 Goethe an Adam Müller, 28. August 1807.
Sembdner, Lebensspuren, S. 126.
5 Besonders deutlich im "Prinz Friedrich von Homburg", aber auch in der "Penthesilea", in der "Familie Schroffenstein" und eben hier im "Amphitryon"; bei den Novellen etwa im "Michael Kohlhaas" und im "Erdbeben in Chili".

Somit ist es für eine umfassende Interpretation unumgänglich, diesen Aspekt ebenfalls einzubeziehen. Mit den verschiedenen Stufen des Bewusstseins, oder besser gesagt: mit den verschiedenen Daseinsstufen[1] gewinnen wir eine neue Perspektive, und die Frage der Treue, obgleich sie für das Ich, für Alkmene, von existentialer Bedeutung ist, erweitert sich damit um eine Dimension und kann nun nicht mehr mit apodiktischer Eindeutigkeit beantwortet werden. Denn wie der Mensch aus dem paradiesischen Zustand vor dem Sündenfall der Erkenntnis in die diskursive Wirklichkeit heraustritt, läuft er Gefahr, seinen Schwerpunkt zu verlieren, sich selbst zu verfehlen; er gerät in einen Zustand der Verwirrung - so der junge Mann in der Pose des Dornausziehers im "Marionettentheater" - und kann, bewusst oder unbewusst, zum Doppelgänger seiner selbst werden.[2] Damit kann Treue im Sinne einer existentiellen Relation - obwohl im liebenden Bezug dieses Sich-Verfehlen, der Widerspruch zwischen "wahrem" und "wirklichem" Sein, versöhnend aufgehoben wird - allein dem wahren Du gelten.

Wir sehen, dass es uns noch nicht möglich ist, hier schon diese Frage der Treue zu entscheiden und eine endgültige Deutung von Alkmene zu geben. In ihrer Liebe zu Amphitryon haben wir zu beachten, dass der Feldherr nicht immer der selbe ist; auch er hat einen Weg zu gehen, dem wir ebenfalls unsere Beachtung schenken müssen. So fällt erst vom Schluss her erhellend ein Licht auf Kleists Gestalten.

Noch wichtiger aber ist es, Jupiters Bedeutung zu klären. Erst damit wird letztlich eine erschöpfende Interpretation überhaupt möglich. Denn es gibt, wenn auch nicht gerade eine "Tragödie Jupiters", so doch ein göttliches Handeln; er ist ja nicht nur der wesenhaft-wahre Amphitryon, sondern vor allem der Gott. Das nächste Kapitel soll darum diese notwendige Erhellung geben.

---

1 Diesen Terminus verwendet Josef Kunz für seinen Aufsatz "Die Thematik der Daseinsstufen in Kleists dichterischem Werk", in WdF, Darmstadt 1967, S. 672ff.
2 So etwa der Graf vom Strahl, Penthesilea, der Richter Adam, der Prinz von Homburg und in gewissem Sinne auch unser Amphitryon.

MEIN HERR UND MEIN GEMAHL

Wenn im ersten Akt das vergebliche Unterfangen, Alkmene zwischen "Geliebtem und Gemahl" unterscheiden zu lassen, im Mittelpunkt stand, so gibt hier be
Alkmenes Anrede "mein Herr und mein Gemahl!", mit der die Szene einsetzt, das
Thema des Dialogs wieder: Ihrem Bewusstsein noch verborgen, weist die Sprache
auf die Unterscheidung und Einheit von Mensch und Gott, wie sie Jupiter, abermals
in der Gestalt des Feldherrn, von seinem Geschöpf fordern wird. Doch nicht nur
die Anrede, auch ihre unbewusste Gebärde des Kniens deuten darauf hin, dass es
hier um die Beziehung zwischen Mensch und Gott geht.

Wieder fallen uns das Schillern der Sprache und ihre Ironie auf. Besonders
hier wird diese Mehrdeutigkeit zum formalen Prinzip, indem der gleiche Sprachkörper oftmals in dreifacher Relation Sinn und Bedeutung besitzt: aus der Perspektive des Gottes, derjenigen Alkmenes − die darin den "wahren" Amphitryon erkennt − und schliesslich bezogen auf den überheblichen Thebanergeneral.

In diesem Dialog, der eher zu einem Verhör ausartet, werden diese verschiedenen Bezüge erst richtig sichtbar. Erst damit offenbart sich Alkmene in der Lieblichkeit ihrer unerschütterlichen Treue zu Amphitryon, die selbst olympische
Herrlichkeiten vor der Liebe des Gatten verwirft. Und schliesslich öffnet diese
Szene den Blick für Jupiter als Gott. Hier ist die Möglichkeit gegeben, sein Wesen
zu deuten. Diese Gelegenheit soll genutzt und nicht mit der verkürzenden These
einer Hilfskonstruktion aus dem Blickwinkel einer psychologisierenden Deutung
verstellt werden.

Ich glaubs − dass mir − ein anderer − erschienen

Ob all des Lobpreises auf die Treue Alkmenes haben die Interpretationen
vielfach die Tat, durch die jene letztlich bewahrt wurde, nicht oder zuwenig beachtet. Hier geht Alkmene ihren Weg bis zum Ende; wie Friedrich von Homburg
an seinem offenen Grab vorbeigeht, sich zuletzt überwindet und dann bereit ist,

ein Gesetz ausserhalb des Ich anzunehmen und mit seinem Leben dessen Verletzung zu sühnen, so leistet sie hier diesen letzten existentiellen Einsatz. Und ebenso wird Amphitryon in der Schlussszene diesen Weg gehen und bereit sein, entblösst von jedem Bezug zu seiner Welt, mit seiner nackten Existenz für den neu gewonnenen Glauben an das Du einzutreten.

Wenn Alkmene bis anhin unentschieden vor dem unlösbaren Zwiespalt stand, so ist sie jetzt bereit, das Zeichen der Wirklichkeit zu akzeptieren und gleichzeitig die mögliche Folgerung, die der Verstand fordert, dass ihr ein anderer erschienen sei, zu ziehen. Hier besitzt ihr innerstes Gefühl scheinbar nicht mehr die unfehlbare Gewissheit der widersprechenden Wirklichkeit gegenüber; Alkmene ist bereit, dieser Kraft, die sie des Du und auch ihrer selbst versichert, zu misstrauen.

Damit gibt sie sich rettungslos dem "Schmerz" und der "Vernichtung" preis[1] – dem Schmerz, dass ihre Liebe zu Amphitryon zerstört wurde, der Vernichtung, dass sie trotz der scheinbar untrüglichen Sicherheit ihrer liebenden Seele einen anderen empfangen haben soll. Alkmenes Tugend und Sittlichkeit sind unlösbar mit ihrer Liebe und ihrer ganzen Existenz verbunden; erweist es sich, dass sie sich getäuscht hat, so kann sie nicht mehr <u>sein</u>. Sie <u>muss</u> die letzte Konsequenz ziehen:

> ... so sei der Tod mein Los
> Und ewge Nacht begrabe meine Schmach.
> (1243f.)

Daher müssen ihre Worte "Ich lege treu mein Leben dir zu Füssen" (1238) in ihrer ganzen Tiefe und Tragweite verstanden werden. Damit ist sie bereit, ihre Gewissheit, die Gewissheit, dass es das Du war und damit auch sie selbst, in Zweifel zu ziehen, bereit, den Grund, der ihr überhaupt ermöglicht, Alkmene zu sein, das liebende Miteinandersein im Wir, den Bezug zum Du aufzugeben und doch wieder eben diesem Du mehr zu glauben als sich selbst. In diesem letzten existentialen Akt des Vertrauens wendet sie sich mit einer Sprache, die ständig zu versagen droht, an ihren geliebten Amphitryon:

> Ich glaubs – dass mir – ein anderer – erschienen,
> Wenn es dein Mund mir noch versichern kann.
> (1252f.)

Und doch ist, paradoxerweise, mit diesem letzten Schritt eine neue Möglichkeit für die Existenz gegeben, da ja gerade damit, im Zweifeln, das Ich den ge-

---

1 Vgl. Vers 1225:
    Wohin rett ich vor Schmerz mich, vor Vernichtung ...

liebten Menschen zum Entscheid aufruft und sich so erneut auf das Du gründet. In genialer Weise hat hier Kleist auf engstem Raum diese dialektische Trias von Schuld, Vernichtung und Versöhnung gestaltet.

Letztlich ist es ja auch nicht das "Gefühl", das Alkmene in Zweifel zieht, sondern sie misstraut dem gewussten, dem "gefühlten Gefühl". Jedem Beharren, jedem Festlegen widerstrebt aber diese "alte geheimnisvolle Kraft des Herzens"; sie steht wesensmässig im absoluten Gegensatz zum Gesetz und vermag stets nur in ihrer Unmittelbarkeit die Wahrheit zu "erkennen".

Sobald aber, was das Gefühl wahr-genommen hat, im Wissen bewahrt und in einem allgemein gültigen Gesetz unverrückbar festgehalten werden soll, wird diese "Wahrheit" zerstört und legt den Grund zu Misstrauen und Irrtum. Aehnliches gibt eine Stelle in Rilkes "Sonetten an Orpheus" wieder: "Was sich ins Bleiben verschliesst, schon _ists_ das Erstarrte."[1] Hier aber vertraut sich Alkmene erneut dem fühlenden Gefühl an und legt ihr ganzes Sein in die Hände des Geliebten.

Zu Recht preist darauf Jupiter ihre untrügbare Sicherheit:

> Wie könnte dir ein anderer erscheinen?
> Wer nahet dir, o du, vor deren Seele
> Nur stets des Ein- und Ein'gen Züge stehn?
> (1256ff.)

Und dennoch münden schon die nächsten Verse sphingenhaft verschlungen in die scheinbare Paradoxie:

> Du bist, du Heilige, vor jedem Zutritt
> Mit diamantnem Gürtel angetan.
> Auch selbst der Glückliche, den du empfängst
> Entlässt dich schuldlos noch und rein, und alles,
> Was sich dir nahet, ist Amphitryon.
> (1259-63)

Wenn auch die göttlichen Worte eins fürs andere wahr sind und Alkmene erhöhen, vermögen sie doch nicht, sie zu beruhigen. Sie muss Gewissheit finden. Und so wendet sie sich an ihren Gemahl und stellt ihm die entscheidende Frage: "Kannst du mir gütig sagen, / warst dus, warst du es nicht?" (1264f.)

Darauf Jupiter:

> Ich wars. Seis wer es wolle. Sei — sei ruhig,
> Was du gesehn, gefühlt, gedacht, empfunden,
> War ich: wer wäre ausser mir, Geliebte?

---

1 R. M. Rilke, Die Sonette an Orpheus, zweiter Teil, XII. Sämtliche Werke, Bd. I, Frankfurt a. M. 1955, S. 758.

> Wer deine Schwelle auch betreten hat,
> Mich immer hast du, Teuerste, empfangen,
> Und für jedwede Gunst, die du ihm schenktest,
> Bin ich dein Schuldner, und ich danke dir.
> (1266-72)

Aus dieser doppeldeutig verrätselten Antwort Jupiters hört sie nur des Gatten grossmütigen Trost und ihr eigenes schuldhaftes Versagen. Waren der Geliebte und der Gemahl nicht derselbe, so ist ihre Existenz zerstört; die Liebe als der wahre Seinsgrund hat sich als ungeschützt und täuschbar erwiesen. Alkmene kann es nicht genügen, dass sie den nächtlichen Besucher als Amphitryon empfangen, er musste auch Amphitryon sein. Die höhere göttliche Wahrheit, die aus Jupiters Worten spricht, vermag sie noch nicht zu begreifen.

Nun ist sie zum letzten Schritt bereit. Sie sagt ihrem Geliebten auf ewig Lebewohl. (Auf des Feldherrn "rasende Behauptungen" trennte sie sich damals vom Gatten.) Jedem Versuch, sie zu beruhigen, hält sie aus ihrem reinen Herzen die Worte entgegen:

> Ich will nichts hören, leben will ich nicht,
> Wenn nicht mein Busen mehr unsträflich ist.
> (1278f.)

Darauf Jupiter:

> Was könntest du, du Heilige, verbrechen?
> Und wär ein Teufel gestern dir erschienen,
> Und hätt er Schlamm der Sünd, durchgeiferten,
> Aus Höllentiefen über dich geworfen,
> Den Glanz von meines Weibes Busen nicht
> Mit einem Makel fleckt er! Welch ein Wahn![1]
> (1281-86)

Selbst des Gottes Preislied senkt ihr den Stachel nur noch tiefer in ihr verzweifeltes Herz; nun ist es gewiss: Ein anderer hat sie besucht.

In ihrer Verzweiflung entfährt ihr jener empörte, rührende Ausruf, der in reizvoll-ironischer Weise aufs neue die Vieldeutigkeit der Sprache aufzeigt.

> Dass ihn Zeus mir zu Füssen niederstürzte!
> O Gott! Wir müssen uns auf ewig trennen.
> (1298f.)

---

1 Das gleiche Motiv finden wir in der "Marquise von O...":
"... da er diesen Schwan einst mit Kot beworfen, worauf dieser still untergetaucht, und rein aus der Flut wieder emporgekommen sei."
Ges. Ausg. II, S. 116.

Dies die Bitte an "Amphitryon", der eben dieser Gott ist und der ebenfalls diesen Frevel begangen! Aber auch wie der Ausruf unbewusst zur Anrede wird, sind Irrtum und Wahrheit unlösbar miteinander verbunden. Gewiss muss sich Alkmene nach Jupiters Erscheinen auf Erden auf ewig von ihm trennen, aber nur vom Gott als Gott in der Gestalt des Gatten; gleichzeitig wird er ihr dennoch "ewig vorhanden sein"[1] und zwar als der göttliche Geist in Amphitryon.

Alle Trostversuche weist sie zurück, entschlossen, Geliebtem und Gemahl für immer zu entsagen – weder sein Haus noch Hellas' Frauen sollen sie je wieder sehen. Selbst die verschleierte Verheissung, sie glanzwerfend in die olympische Schar einzuführen,[2] versteht Alkmene nur als erdrückende Güte, sie über ihr Versehen zu trösten. Und wie Jupiter mit göttlich-feldherrlicher Gewalt die Fliehende zurückzuhalten sucht und stets wieder zurückzuholen verspricht, entwindet sie sich ihm, vernichtet und gebrochen, in einem Schwur in letzter verzweifelter Ernsthaftigkeit:

> Eh will ich meiner Gruft, als diesen Busen,
> So lang er atmet, deinem Bette nahn.
> (1331f.)

Fassen wir die Worte Jupiters nochmals etwas genauer ins Auge. Damit soll der Ansatz für eine Deutung des Gottes gewonnen werden.

In göttlich grossartigen Worten offenbart er sich – dennoch unerkannt – vor Alkmene:

> Ich wars. Seis wer es wolle. ...
> Was du gesehn, gefühlt, gedacht, empfunden,
> War ich: wer wäre ausser mir, Geliebte?
> (1266ff.)

Gewiss, er war es. Ein jedes Wort besässe aber auch in gleicher Weise seine Gültigkeit, wenn Amphitryon, der Feldherr, sie in der vergangenen Nacht besucht hätte. Bereits hier klingt die pantheistische Deutung der Schlussszene an. Alles Sehen, Fühlen und Denken in der Liebe gründet in diesem göttlichen Geist, in Jupiter, und so ist damit immer <u>auch</u> der Gott gemeint, "seis wer es wolle".

---

1 Vgl. dazu Vers 2307f. :
  O Fluch der Seligkeit, die du mir schenktest,
  Müsst ich dir ewig nicht vorhanden sein.
2 Diese Stelle nimmt Bezug auf das Versprechen Jupiters, Herakles, das Blut Alkmenes, einst im Olymp als Gott zu empfangen (V. 2343f.).

Gleichzeitig aber nehmen diese Worte in ironischer Weise auf Amphitryon Bezug. Hier spricht der Gott von sich mit Recht, was später der vor Wut schäumende Feldherr in seiner Hybris dem äffenden Doppelgesicht des Merkur-Sosias entgegenschleudert:

> Und wer ist ausser mir Amphitryon?
> (1759)

Aber auch beim Dank an Alkmene für die Gunst, die sie ihm schenkte (1270ff.), und bei den inständigen Beteuerungen des Olympiers

> Mich fester hat der Kuss, den du ihm schenktest,
> Als alle Lieb an dich, die je für mich
> Aus deinem Busen loderte, geknüpft.
> (1300ff.)

schillert die Sprache in Vieldeutigkeit. Es lassen sich sogar drei mögliche Deutungen erkennen, die alle mehr oder weniger im Sinnganzen mitschwingen.

Die einfachste und naheliegendste: Der Gott ist mit sich identisch und spricht von sich selbst; das "ihm" ist also ein "mir".

Gleichzeitig kann sich aber dieses "ihm" auch auf Amphitryon beziehen; der Gott spricht von seinem Nebenbuhler. Denn die Liebe Alkmenes zu diesem Sterblichen ist in ihrer Unbeirrbarkeit und Vollkommenheit wahrhaft göttlich. Indem sie als Geschöpf "so urgemäss dem göttlichen Gedanken" (1571) ihren Gatten liebt — auch wenn sie den göttlichen Geist in Amphitryon noch nicht weiss —, macht sie Jupiter ihr grösstes Geschenk, und mit Recht nennt er sich ihren Schuldner.

Und schliesslich aus der Sicht Alkmenes: Amphitryon kann diese Worte auf Jupiter bezogen sprechen — gleich im Anschluss des Gesprächs wird ja der Eindringling als der Höchste der Olympier enthüllt. Auch hier bleibt ein Sinn erhalten. Indem Alkmene selbst im höchsten Gott immer nur ihn, Amphitryon, den Sterblichen, sehen und erkennen kann, ist auch er eingeschlossen in der göttlichen Liebe seiner Gattin. Er steht nicht als der geprellte Ehemann da, dessen Ehre in Staub getreten wurde; vielmehr wird diese am Schluss durch die göttliche Verheissung der Geburt des Herakles erhöht, und so ist letztlich auch er seiner vollkommenen Gattin Dank schuldig.

Im weiteren Verlauf des Dialogs tritt diese Vieldeutigkeit jedoch immer mehr in den Hintergrund. Je mehr sich das Gespräch jener Offenbarung nähert — einstweilen lediglich in der Sprache —, desto offensichtlicher und eindeutiger spricht Jupiter als der Gott.

Er fühlt sich als der Hintergangene, ihn hat seine böse Kunst getäuscht. — Jupiter ist hier nicht der schlechthin überlegene Gott, der frei über seine göttliche Allmacht verfügen kann. Jetzt, da er die Welt betreten, hat er sich ebenfalls deren Gesetzen zu unterwerfen. Er ist nicht mehr, was er seinem Wesen gemäss war. Auch er hat seine eigene Identität verloren und muss von sich als einem anderen sprechen; er ist zum Doppelgänger seiner selbst geworden. Wie der Gerichtsrat Walter, wie der Kurfürst bei Nataliens Bittgesuch, so gerät auch er in einen Zustand der Verwirrung. Wenn Jupiter geglaubt hat, dass er einst als ein anderer vom Feldherrn unterschieden wurde, so sieht er sich jetzt in dieser Hoffnung betrogen. Wohl ist es ihm gelungen, Alkmene zu täuschen, nicht aber, ihre Liebe ihm, dem Gott, zuzuwenden.

Die ganze Götterkunst vermag ihm diesen Stachel nicht "aus dem liebeglühnden Busen" zu reissen. Damit klingt bereits das Thema an: "Auch der Olymp ist öde ohne Liebe." Jupiter ist der Gott, den es drängt, sich in seiner Schöpfung zu offenbaren, damit man ihn als die wirkende Kraft erkenne, der Gott, der sein Geschöpf — und zwar ein Geschöpf, das bereits in göttlicher Vollkommenheit lebt — dazu bringen will, ihn zu wissen, ihn in der Göttlichkeit ihrer Liebe zu erkennen. Aber dies wiederum kann er nur erreichen, wenn er sich veräussert, in Widerspruch zu sich selbst tritt und in die geliebte Gestalt des Amphitryon eingeht und so den Gott aus ihr zu erfragen sucht. Es geht ihm ja nicht darum, Alkmene zu verführen, vielmehr will er ihr Bewusstsein so führen, dass sie ihn künftig als den Grund ihrer Liebe weiss.

Dieser Weg vom schillernden Jupiter-Amphitryon bis zum Höchsten der Olympier lässt sich auch daran verfolgen, wie Jupiter Alkmene anspricht. Je tiefer sie in Verzweiflung fällt, desto höher erhebt er sie.

Wie sie vor ihm kniend den Tod wählen will, falls nicht er den Stein ihr gebracht, hebt er sie als sein "schönes Weib" zu sich empor. Und wie sie bereit ist, ihrem innersten Gefühl zu misstrauen, das Unmögliche zu glauben, dass ihr ein anderer erschienen, antwortet er ihr: "Mein grosses Weib!" Wie hätte sie, die "Heilige", sich irren können. Weiter spricht er sie als "Geliebte", als "Teuerste" an.

"Mein Augenstern" dann ist nicht einfach ein Kosename; hier steht bereits das Spiegelmotiv im Hintergrund. Alkmene sieht Jupiters Schöpfung noch "herrlich wie am ersten Tag". Sie ist das Auge des Schöpfers, auch wenn sie um die Göttlichkeit, die sie sieht, noch nicht <u>weiss</u>. Deutlicher kommt dies zum Ausdruck, wenn

Jupiter von ihr als seinem "Ab-Gott" spricht. Sie ist das vollkommene Geschöpf, das Abbild Gottes. Sie ist der makellos reine Spiegel, in dem allein der Gott sich wiederzufinden vermag. So kann es gewiss nicht seine Absicht sein, diesen Spiegel zu zerstören. Am höchsten aber preist er Alkmenes Vollkommenheit in seinem letzten Ausruf und hebt sie zu seiner Göttlichkeit empor. Wie sie ihn, den Gott, als ihren Gatten empfangen hat, so kann er jetzt auch wahrhaft von ihr als dem Weib seiner Seelen sprechen, den Seelen all seiner Geschöpfe, die wiederum – in der pantheistischen Deutung – die Seelen Jupiters sind.

Zeus selbst, der Donnergott, hat dich besucht

Immer weiter entfernt sich Jupiter vom Thebanerfeldherrn, immer eindeutiger spricht er als der Olympier, bis er zuletzt seine Identität gänzlich wiedergewinnt – wenigstens in der Sprache –, zu seiner göttlichen Macht greift, den Eid Alkmenes zerbricht und in einer letzten Steigerung das Geheimnis jenes nächtlichen Besuches offenbart.

Alkmene vermag das eben Gehörte nicht zu fassen; es verschlägt ihr den Atem. In einem zweifelnden Herantasten sucht ihre Sprache diese erneute rasende Behauptung zu begreifen. Bis schliesslich – noch in einem entsetzt-ungläubigen Erstaunen – die Empörung sich Bahn bricht, und sie ihren "Amphitryon" – den höchsten Gott selbst – der Gottvergessenheit bezichtigt, der es wagt, den Olympischen diesen Frevel zu unterschieben – einen Frevel, den wiederum der gleiche "Amphitryon" begangen hat.

Ueberall blitzt die Kleistische Ironie durch. Zeus, in der Gestalt eines Sterblichen, will zu seiner Allmacht greifen und muss sich im selben Augenblick doch wieder verleugnen und von sich als einem dritten sprechen. Ja, schliesslich hat er mitanzuhören, wie sein vollkommenes Geschöpf, sein Ab-Gott, in jenem nächtlichen Besuch nur den abscheulichsten Frevel erkennen kann, und es bleibt ihm – nicht eben göttlich – nur der Rückzug in den knappen, herrischen Befehl:

Schweig, sag ich, ich befehls.
(1348)

Damit stellt sich die Frage, ob hier auch der Gott in irgend einer Weise schuldig wird. Unsere Beobachtungen, wie sogar er zum Doppelgänger seiner selbst wird und sich in seinem Handeln verstrickt, deuten in dieser Richtung; eine erschöpfende Antwort ist jedoch noch nicht möglich. Wir werden daher später nochmals auf dieses Problem zurückkommen und dort einen Entscheid zu treffen suchen. Jupiter wechselt sogleich das Thema und spricht, nun ganz der ruhmbegierige Feldherr, von seinem Wunsch nach einem Sohn, den Tyndariden gleich. − Seine Worte geben gleichsam eine Exposition der Schlussszene. Wir dürfen den Ehrgeiz Amphitryons nicht völlig negativ beurteilen. Nur weil er in seiner hybriden Selbstherrlichkeit sein Streben nach Ruhm und Ehre absolut setzt und des Gottes nicht achtet, wird er schuldig; wie er aber zuletzt seinen demütigenden Weg zur Erkenntnis gegangen und des Gottes Rechte anerkennt, wird sein Herzenswunsch nach unsterblichem Ruhm in der Verheissung des Herakles erfüllt.

Erinnern wir uns nur, wie für Kleist selbst Ruhm und Ehre heilige und unbedingt erstrebenswerte Güter waren, wie er mit seinem "Guiskard" dem Namen der Kleist einen "Platz in den Sternen"[1] erringen wollte. Oder denken wir an jenen nicht eben feinfühligen Abschiedsbrief an seine Braut:

"Ihr Weiber versteht in der Regel ein Wort in der deutschen Sprache nicht, es heisst Ehrgeiz.
. . . . .
Kurz, kann ich nicht mit Ruhm im Vaterlande erscheinen, geschieht es nie. Das ist entschieden, wie die Natur meiner Seele."[2]

Diesem plötzlichen Wechsel von der menschlichen in eine göttliche Perspektive und der Umdeutung des Frevels in eine Gnadenwahl und in Ruhm für den Gatten vermag Alkmene zunächst nicht zu folgen. Ungläubig wiederholt sie die Worte. Wie aber der Olympier ihre Liebe zu Amphitryon gegen die Liebe des Gottes ausspielt, tritt sie diesen "unerhörten Reden", ohne darin überhaupt eine Versuchung zu bemerken, mit der Demut ihres reinen Herzens entgegen.

> Darf ich auch den Gedanken nur mir gönnen?
> Würd ich vor solchem Glanze nicht versinken?
> Würd ich, wär ers gewesen, noch das Leben
> In diesem warmen Busen freudig fühlen?
> Ich, solcher Gnad Unwürdg'? Ich, Sünderin?
> (1364-68)

Jupiters Antwort gibt uns weiteren Aufschluss für die Deutung des Gottes.

---

1 An Ulrike von Kleist, Genf, den 5. Oktober 1803. Ges. Ausg. II, S. 735.
2 An Wilhelmine von Zenge, Auf der Aarinsel bei Thun, den 20. Mai 1802. Ges. Ausg. II, S. 726.

Ob du der Gnade wert, ob nicht, kömmt nicht
Zu prüfen dir zu. Du wirst über dich,
Wie er dich würdiget, ergehen lassen.
Du unternimmst, Kurzsichtge, ihn zu meistern,
Ihn, der der Menschen Herzen kennt?
(1369-73)

Es ist dies ein eminent typischer Zug von Kleists Gottesbegriff, wie wir ihn
in seinem Werk stets wieder antreffen: Der Mensch hat das unerklärliche und unverständliche Walten der göttlichen Macht "über sich ergehen zu lassen". Mit seinen
beschränkten Erkenntniskräften ist es ihm schlechthin unmöglich, den Gott zu begreifen. Jeder Deutung, jedem fordernden Anspruch, mit dem der Mensch ihn fest-
zulegen sucht, jedem religiösen Gesetz und jeder kirchlichen Institution entzieht
er sich und bleibt als der deus absconditus für den Menschen immer unverfügbar.
Nur dem lebendigen Glauben, einem Offenstehen ohne jede Forderung an die Gottheit, wird Gnade zuteil.

Aus der ersten dramatischen Arbeit Kleists spricht noch eine düstere Verzweiflung. Selbst für den Dichter ist das Walten eines gütigen Gottes zweifelhaft;
eine unpersönliche Macht, das Schicksal, führt den Menschen, blind und sinnlos.
"Das Schicksal ist ein Taschenspieler ...; der Himmel hat uns zum Narren."[1]
Und in der endgültigen Fassung finden wir dann Sylvesters Worte:

Ich bin dir wohl ein Rätsel?
Nicht wahr? Nun, tröste dich, Gott ist es mir.
(1213f.)

Und einmal tut Ottokar den bedeutungsvollen Ausruf:

O Gott des Schicksals!
(1249)

Aber auch aus den folgenden Dramen spricht manchmal noch diese quälende
Skepsis. So in der "Penthesilea":

Es ist die Welt noch, die gebrechliche,
Auf die nur fern die Götter niederschaun.
(2854f.)
So führen tücksche Götter uns die Hand.
(2890)

---

1 Randnotizen zur "Familie Ghonorez" (Vorstufe der "Familie Schroffenstein").
Ges. Ausg. I, S. 833.

In einer späteren Novelle dann, in der "Heiligen Cäcilie", wo die vier Bilder-
stürmer durch die Gewalt der Musik in die Knie gezwungen werden, rächt sich der
Gott selbst an seinen Frevlern. Zum Wahnsinn verdammt, müssen sie den ganzen
Rest ihres Lebens die beleidigte Gottheit anbeten und, ausgeschlossen von der
göttlichen Sprache der Musik, dennoch jeweils um Mitternacht mit entsetzlicher
und grässlicher Stimme, den Wölfen und Leoparden gleich, das Gloria in excelsis
intonieren.[1]

Im "Erdbeben in Chili" ist der Sinn des göttlichen Waltens nicht mehr ohne
weiteres ersichtlich. Schon dem Leser fällt es schwer, eine göttliche Fügung zu
erkennen; noch viel mehr aber sind die Gestalten der Novelle in Irrtum und Versehen verstrickt. So lesen wir von Jeronimo, wie er sich des Schicksals seiner
Josephe erinnert: "Fürchterlich schien ihm das Wesen, das über den Wolken waltet."
Aber auch die Gegenseite, die sich anmasst, den "Wink des Allmächtigen" zu
deuten, besitzt nur scheinbar die Wahrheit. So ist es gewiss kein Zufall, wenn
diese Vertreter der Kirche, die den lebendigen Glauben durch eine gesetzmässige
Institution ersetzten und eben damit die göttliche Allmacht als verfügbar wähnten
und ihr menschlichen Zwang anzutun versuchten, im Erdbeben umkommen. Das
Kloster geht in Flammen auf, Aebtissin und Klosterfrauen werden vor den Augen
der "sündigen" Josephe erschlagen. Die Leiche des Erzbischofs wird hervorgezogen,
auf dessen Befehl der ledigen Mutter der "geschärfteste Prozess" gemacht wurde
und der schliesslich in der Enthauptung, diesem "Schauspiel, das der göttlichen
Rache gegeben wurde",[3] hätte enden sollen. Kathedrale, Gerichtshof und Gefängnis
fallen in Schutt und Trümmer.

Auch im "Findling" erscheint die Kirche nicht gerade im besten Licht. Auch
dort ist sie der Ort, wo Liebe und Recht des Menschen in schändlichster Weise
pervertiert werden.

Aufschlussreich für das wahre, gläubige Verhältnis des Menschen zu Gott
sind für uns einige Stellen im "Zweikampf". Dort ist es Friedrich von Trota, der
sich gegen die vom Menschen im Gesetz festgehaltene Verfügbarkeit Gottes und
seine Verpflichtung auf ein Urteil wendet. Das göttliche Wort kann jedoch immer
nur in einem gnadenhaften Akt der Offenbarung vernommen werden.

---

1 "Die heilige Cäcilie oder die Gewalt der Musik", Ges. Ausg. II, S. 223.
2 "Das Erdbeben in Chili", Ges. Ausg. II, S. 147.
3 Ib., S. 145.

"Wo ist der Sterbliche, und wäre die Weisheit aller Zeiten sein, der es
wagen darf, den geheimnisvollen Spruch, den Gott in diesem Zweikampf
getan hat, auszulegen?"[1]

Oder noch deutlicher etwas später:

"Wo liegt die Verpflichtung der höchsten göttlichen Weisheit, die Wahrheit
im Augenblick der glaubensvollen Anrufung selbst, anzuzeigen und auszusprechen?"[2]

So werden denn als Folge dieses seltsamen Gottesurteils die Statuten des "geheilig-
ten göttlichen Zweikampfs" in diesem Sinne abgeändert: "dass die Schuld dadurch
unmittelbar ans Tageslicht komme ..., 'wenn es Gottes Wille ist'."[3]

Doch wenden wir uns nach diesen Bemerkungen zum Gottesbild bei Kleist wieder unserem Text zu. Alkmene verkennt die göttlichen Worte und sieht darin
wiederum nur die Grossmut des Gatten, sie zu trösten. Noch immer ist sie entschlossen, ihren, wie sie glaubt, unentschuldbaren und vernichtenden Irrtum zu
sühnen. Mit den unendlich schönen Worten wendet sie sich zum Abschied:

> Geh du, mein lieber Liebling, geh, mein Alles,
> Und find ein andres Weib dir, und sei glücklich,
> Und lass des Lebens Tage mich durchweinen,
> Dass ich dich nicht beglücken darf.
> (1379-82)

Nun muss Jupiter Beweise erbringen. − Zeugen denn nicht der Wechsel des
Namenszugs und das Verschwinden des Diadems aus dem versiegelten Kästchen
für das Wunder? Und wer ausser den Allmächtigen hätte vermocht, ihre "Goldwaage
der Empfindung" zu betrügen, ihr "Glockenspiel der Brust" zu umgehn? Mit der
feinsinnigen Kleistischen Wendung "So solls die Seele denken? Jupiter?" (1393) gibt
Alkmene dem Wunder in ihrem Herzen Raum: Bei ihr denkt die Seele, nicht der
Verstand. Aber ganz stimmt sie erst zu, wie Jupiter auch zum letzten Zugeständnis
bereit ist:

> Und müssen nicht sie selber noch, Geliebte,
> Amphitryon sein, und seine Züge stehlen,
> Wenn deine Seele sie empfangen soll?
> (1407ff.)

Das ist es, was sie hören muss; jener "Dieb, der bei ihr naschte", und den
sie als Amphitryon empfangen, musste auch Amphitryon sein, damit sie ihrerseits

---

1 "Der Zweikampf", Ges. Ausg. II, S. 248.
2 Ib., S. 254.
3 Ib., S. 261.

weiterhin Alkmene sein kann. Dies aber war ausser ihrem Gatten eben nur Jupiter möglich.

Im versöhnenden Kuss, dieser zarten Gebärde, die all das Unsagbare, Erleichterung und Möglichkeit zu weiterem Glück umfasst, verbindet sich Alkmene aufs neue mit ihrem "Gatten" und akzeptiert nun die göttliche Erklärung. Zu Recht nennt der Olympier darauf sein vollendetes Geschöpf himmlisch. – Aber auch für Amphitryon ist seine Gemahlin, die Auserwählte Jupiters, die Himmlische.

Wenn ihr im ersten Akt der Gott unbewusst erschienen ist, so weiss sie jetzt von diesem göttlichen Besuch. Wohl erkennt sie das Faktum, verkennt aber gleichzeitig dessen tieferen Sinn.

> Wie glücklich bin ich!
> Und o wie gern, wie gern noch bin ich glücklich!
> Wie gern will ich den Schmerz empfunden haben,
> Den Jupiter mir zugefügt,
> Bleibt mir nur alles freundlich wie es war.
> (1410-14)

Alkmene versucht wie die meisten Kleistischen Gestalten im Stande ihres Bewusstseins zu verharren; sie will ihre paradiesische Welt nicht verlassen. Sie ist nicht bereit, Konsequenzen zu ziehen und die Frage nach dem Zweck dieses göttlichen Besuches zu stellen. Jupiter aber kann es nicht genügen, dass alles bleibt, "wie es war". Er möchte "sich selbst in einer Seele spiegeln" (1524), "er will geliebt sein, nicht (ein) Wahn von ihm" (1522); und so sucht er erneut Alkmene dazu zu bringen, zwischen ihm und dem Gatten zu unterscheiden.

> Er kam, wenn er dir niederstieg,
> Dir nur, um dich zu zwingen ihn zu denken,
> Um sich an dir, Vergessenen, zu rächen.

Im folgenden Abschnitt eröffnet Jupiter-Amphitryon der staunenden, verzagten Alkmene, was er von diesem göttlichen Besuch denke, falls nicht eine Offenbarung Aufschluss gebe – ein Hinweis auf die Epiphanie der Schlussszene. Gewiss habe sie des Gottes Unwillen gereizt.

> Ist er dir wohl vorhanden?
> Nimmst du die Welt, sein grosses Werk, wohl wahr?

Siehst du ihn in der Abendröte Schimmer,
Wenn sie durch schweigende Gebüsche fällt?
Hörst du ihn beim Gesäusel der Gewässer,
Und bei dem Schlag der üppgen Nachtigall?
Verkündet nicht umsonst der Berg ihn dir
Getürmt gen Himmel, nicht umsonst ihn dir
Der felszerstiebten Katarakten Fall?
Wenn hoch die Sonn in seinen Tempel strahlt
Und von der Freude Pulsschlag eingeläutet,
Ihn alle Gattungen Erschaffner preisen,
Steigst du nicht in des Herzens Schacht hinab
Und betest deinen Götzen an?

(1420-33)

Ein Bild der Natur, wie wir es aus den Werken Hölderlins kennen.[1] Aber auch

bei Kleist selbst finden wir seit seiner Rousseau-Lektüre in Briefen und Werk ge-

legentlich Darstellungen dieser göttlichen Natur. So etwa in einem Brief an die

Schwester seiner Braut:

"Grosse, stille, feierliche Natur, du, die Kathedrale der Gottheit, deren
Gewölbe der Himmel, deren Säulen die Alpen, deren Kronleuchter die Sterne,
deren Chorknaben die Jahrszeiten sind, welche Düfte schwingen in den Rauch-
fässern der Blumen, gegen die Altäre der Felder, an welchen Gott Messe
lieset und Freuden austeilt zum Abendmahl unter der Kirchenmusik, welche
die Ströme und die Gewitter rauschen, indessen die Seelen entzückt ihre Ge-
nüsse an dem Rosenkranze der Erinnerung zählen."[2]

Mit diesem Verweis wegen der Missachtung der Göttlichkeit der Natur wird

zum ersten Mal auch von einer Schuld Alkmenes gesprochen. Allerdings erhebt

diesen Vorwurf Jupiter, dessen Tun und Lassen bis anhin nicht gerade über alle

Zweifel erhaben schien. Er versucht seinem Geschöpf nachzuweisen, dass es ob

all der Liebe zu Amphitryon des Gottes vergesse; er erinnert Alkmene daran, dass

sie selbst noch am Altar "in des Blitzes zuckender Verzeichnung" stets nur die

bekannten Züge des Geliebten sehe. Ihr "Gefühl, an seinem Nest gewöhnt," und ihr

"befangner Sinn" vermöchten gar nicht den Gott zu erfassen; stets sei es Amphi-

tryon, der Geliebte, vor dem sie im Staube liege.

---

1 In ähnlicher Weise bezichtigt sich Diotima im "Hyperion" derselben Schuld:
"... abtrünnig bin ich geworden von Mai und Sommer und Herbst, und achte
des Tages und der Nacht nicht, wie sonst, gehöre dem Himmel und der Erde
nicht mehr, gehöre nur Einem, Einem, aber die Blüte des Mais und die
Flammen des Sommers und die Reife des Herbsts, die Klarheit des Tags
und der Ernst der Nacht, und Erd und Himmel ist mir in diesem Einen vereint! so lieb ich!"
A. a. O., S. 79.
2 An Luise von Zenge, Paris, den 16. August 1801.
Ges. Ausg. II, S. 690.

Kaum hat sich die vernichtende Bedrohung, dass sie einen andern als Amphitryon empfangen, auf wunderbare Weise gelöst, muss Alkmene diese neuen furchtbaren Anschuldigungen hören. Wiederum gerät sie in Verwirrung. Wo früher das
Zeichen der Wirklichkeit, das Diadem mit dem J, im Widerspruch zu ihrem innerst
Gefühl stand, da widerstreiten sich jetzt Gatten- und Gottesliebe, die im "Gebrodel
des Gefühls" eins sind, und auf der andern Seite Jupiters Worte, die sie der Abgötterei bezichtigen und deren logische Richtigkeit sie ebensowenig widerlegen
kann. Verzweifelt stellt sie die Frage, ob sie in ihrer frommen, kindlichen Verehrung denn auch Unwillkürliches verschulden könne.

> Soll ich zur weissen Wand des Marmors beten?
> Ich brauche Züge nun, um ihn zu denken.
> (1456f.)

Der unvoreingenommene Leser, der dem Stück zum ersten Mal begegnet, wird
aus diesem Dialog vermutlich eher die Worte eines ungöttlichen Verführers heraus-
hören und die Unbeirrbarkeit Alkmenes bewundern. Um die Frage nach dieser
Schuld zu klären, müssen wir daher zunächst die Stellung und Bedeutung des Olympiers erörtern; denn nur einem göttlichen Jupiter könnten wir zugestehen, dass er
seinem Geschöpf eine Schuld vorwirft.

Wenn wir ihn ausschliesslich in der Rolle des Verführers sehen, der sich um
eines eher irdischen Zweckes willen seinem Geschöpf nähert, wenn wir ein jedes
seiner Worte völlig ernst nehmen — besonders die Deutung des nächtlichen Besuchs
als eines Aktes der Rache an seinem vergesslichen Geschöpf —, dann wird Jupiter
als Gott lächerlich und schliesslich zu einem kraftlos leeren Popanzen, dem Sonnen-
könig-Jupiter Molières gleich. Damit stände er auch im völligen Gegensatz zum
pantheistischen Gott der Schlussszene. Ihm allein wäre dann die Schuld an der Zerstörung eines vollkommenen Geschöpfs zuzuschreiben.

Versuchen wir, ihn als den Gott zu sehen, stellen wir fest, dass selbst er sich
in seinen Aussagen verstrickt und so in Widerspruch zu sich selbst gerät. Ein Aus-
weg aus dem Dilemma eröffnet sich, wenn wir auch hier nicht einer statischen
Betrachtungsweise verhaftet bleiben: Jupiter muss ebenfalls unter einem dynamischen
Aspekt gesehen werden.

Er ist der allmächtige Gott, der sich vereinzelt, der die Gestalt des Thebanerfeldherrn annimmt und so die Welt betritt, aber eben damit in Widerspruch zu seiner
Göttlichkeit gerät und schuldig wird. Selbst wenn er noch zu einigen Taschenspieler-
künsten fähig ist und — was wichtig ist — im Gegensatz zu den andern Figuren das

überblickende Wissen besitzt, so muss er sich doch grundsätzlich an die Gesetze
der Welt, der Schöpfung, die er erschaffen, halten und kann nicht als er selbst
erscheinen, sondern eben nur als Jupiter-Amphitryon. Er kann lediglich als Doppelgänger seiner selbst, in der Gestalt des Feldherrn, für den Gott werben.

Wir müssen den Olympier auf dem Hintergrund des deutschen Idealismus
sehen. In den verschiedenen Strömungen finden wir ein solches "dynamisches
Gottesbild".[1] Bei Hegel wird es dann am prägnantesten formuliert und ist der Grund
seines grossartigen Denkgebäudes. In seiner "Aesthetik" beschreibt er in ähnlicher
Weise, wie der göttliche Geist in die Welt eingeht:

> "So erst wird es wahrhaft Ernst mit jenen Göttern, welche nur im Olymp
> und Himmel der Phantasie und religiösen Vorstellung in ihrer friedlichen
> Ruhe und Einheit verharren, wenn sie jetzt aber wirklich,als bestimmtes
> Pathos einer menschlichen Individualität, zum Leben kommen, aller Be-
> rechtigung unerachtet durch ihre bestimmte Besonderheit und deren Gegen-
> satz gegen anderes in Schuld und Unrecht führen."[2]

Nicht dass wir Kleist damit zu einem Denker des Idealismus machen wollen.
Kleist war nie Denker, immer ausschliesslich Dichter. Selbst seine eigenen theoretischen Schriften, besonders der Aufsatz "Ueber das Marionettentheater", dürfen
nicht unbesehen zur Deutung seiner Dichtung herangezogen werden; nur im Sinne
einer Analogie können sie uns den Zugang zum einzelnen Werk eröffnen. Stets ist
für ihn das Bild vorherrschend, und nicht einmal einen so zentralen Begriff wie
"Gefühl" verwendet er konsequent in der gleichen Bedeutung. Aber trotzdem: Kleist
lebte in jenen Jahren, und wenn wir wissen, wie hellhörig er auf die Zeichen der
Zeit horchte, so dürfen wir annehmen, dass auch diese Ideen, wenn auch in anderer
Form, in seinem Werk Eingang gefunden haben.[3]

Jupiter ist in ähnlicher Weise wie etwa der Gerichtsrat Walter, der Kurfürst
im "Prinz Friedrich von Homburg" und der Kaiser im "Käthchen von Heilbronn"
und im "Zweikampf" eine jener überlegenen Figuren aus Kleists Werk, die aber
gleichwohl für Augenblicke in Verwirrung geraten können — nur eben mit dem

---

1 Vgl. auch die Voranzeige zum "Phöbus" (Unterzeichnet von Kleist und Adam
  Müller):
  "Wir stellen den Gott, dessen Bild und Name unsre Ausstellungen beschirmt,
  nicht dar, wie er in Ruhe, im Kreise der Musen auf dem Parnass erscheint,
  sondern vielmehr wie er in sicher Klarheit die Sonnenpferde lenkt."
  (Ges. Ausg. II, S. 446.)
2 Hegel, Aesthetik III, S. 523f.
3 Eine sehr enge Beziehung der Werke Kleists zum Idealismus sieht Rolf Dürst.
  R. D. , Heinrich von Kleist, Dichter zwischen Ursprung und Endzeit:
  Kleists Werk im Licht idealistischer Eschatologie, Bern 1965.

Unterschied, dass er vor und nach seinem Erscheinen in menschlicher Gestalt ein Sein besitzt, das ausserhalb jeder Verwirrung steht.

Somit muss unser Jupiter ständig doppelsinnig gesehen werden; stets soll man hinter seinen Worten den Allmächtigen und gleichzeitig auch den Gott in des Feldherrn Gestalt, der dadurch mit seinem Wesen in Widerspruch geraten ist, erkennen. Weder darf er dabei tödlich ernst noch lächerlich erscheinen; bei all seinem Werben als Liebhaber muss er dennoch glaubwürdig bleiben mit des Gottes Forderung an die Schöpfung im Hintergrund.

Eine solche Rolle stellt höchste Anforderungen an den Schauspieler, diese Vieldeutigkeit auf der Bühne auszudrücken. Wieder steht die Sprache in einem mehrfachen Bezug, und zwar zum Allmächtigen und zum Amphitryon-Gott, aber auch zum Feldherrn und zum Geliebten. Worte des Ewigen und des Gottes, der in die Zeit eingegangen und damit schuldig wird, schwingen ineinander. Eine "göttliche Ironie" schwebt über dem Ganzen. [1]

Damit haben wir einen Ansatz für die Deutung des Olympiers gewonnen. Stellen wir jetzt nochmals die Frage: "Was will dieser Jupiter eigentlich?" — Erst von seiner Forderung her lässt sich letztlich Alkmenes Gestalt interpretieren. Denn stets sind diese beiden Figuren untrennbar miteinander verbunden — dazu kommt natürlich noch der Bezug zu Amphitryon — und können nur in ihrem wechselseitigen Verhältnis richtig verstanden werden.

Die drei Verse, die auch diesen Abschnitt überschreiben, bilden den Schlüssel für die Interpretation:

> Er kam, wenn er dir niederstieg,
> Dir nur, um dich zu zwingen ihn zu denken,
> Um sich an dir, Vergessenen, zu rächen.
> (1464ff.)

Aus den vorangegangenen Bemerkungen wissen wir, dass das Motiv der Rache nicht allzu ernst, eher mit einem ironischen Akzent zu verstehen ist. Jupiter selbst

---

1 Walter Müller-Seidel spricht von einer "göttlichen Ironie des Dialogs, der das Tragische wie das Komische 'transzendiert'." (W.M-S., Die Vermischung des Komischen mit dem Tragischen in Kleists Lustspiel "Amphitryon", Jahrbuch der deutschen Schillergesellschaft V, 1961, S. 129.)
In diesem Aufsatz wird meines Erachtens zum ersten Mal eine ausführliche, im gesamten richtige Deutung der Gestalt Jupiters gegeben, wenn ich auch bei gewissen Einzelheiten nicht zustimmen kann.

schwächt die Drohung ja auch sogleich ab: "Fürchte nichts. Er straft nicht mehr
dich, / als du verdient" (1467f.). Was heisst das aber, wenn er sein Geschöpf
zwingen will, "ihn zu denken"? Oder wenn wir weiter unten lesen:

> Doch künftig wirst du immer
> Nur ihn, versteh, der dir zu Nacht erschien,
> An seinem Altar denken, und nicht mich. [1]
> (1468ff.)
> So oft du seinen Namenszug erblickst,
> Dem Diadem verzeichnet, wirst du seiner
> Erscheinung auf das Innigste gedenken; [1]
> (1475ff.)

Wer ist mit diesem "ihn" gemeint? — Bereits hier wird dieses verwirrende Zugleich
von Trennung und Einheit, wie es sich in Alkmenes letztem Entscheid wiederholt
(vgl. V. 1564-68), vorweggenommen. Auch diese Worte müssen mit dem Unterton
einer göttlichen Ironie verstanden werden. Jupiter spricht ja ausdrücklich von
"ihm, der zu Nacht erschien." Damit wird der Blick wiederum auf beide, auf den
Gott und den Feldherrn, gerichtet, denn der Gott besuchte sein Geschöpf ja als
Amphitryon. Er muss also Alkmenes Einwand, dass sie Züge brauche, um ihn zu
denken, soweit recht geben. Heisst es doch schon bei Kant: "Gedanken ohne Inhalt
sind leer, Anschauungen ohne Begriffe sind blind. "[2] Somit kann seine Forderung
nichts anderes meinen — besonders wenn wir einen Blick vorauswerfen auf die
Schlussszene, wo sich Jupiter als die pantheistische Gottheit enthüllt —, als dass
Alkmene künftig in Amphitryon des Gottes gedenken solle. In dieser Gestalt ist ihr
die göttliche Gnade zuteil geworden; in der Liebe zu Amphitryon hat sich ihr in
eben dieser Gestalt des Gatten der Grund dieser Liebe selbst offenbart. Dabei soll
sie aber "ihn" nicht mit dem Gatten verwechseln, das heisst: Sie soll nicht einen
Amphitryon lieben, der aus sich selbst, absolut, gesetzt ist, so wie dies der Feldherr von sich meint; sie soll nicht an des Gottes Altar diesen als den fernen Herr-
scher des Olymps denken, um ihm aus dem "Gebrodel des Gefühls" doch unwillkürlich des Gatten Antlitz zu geben, und so nur den "Wahn von ihm" zu lieben.
Vielmehr soll sie, gerade umgekehrt, des Gottes in "seiner Erscheinung", eben
in der Erscheinung als Amphitryon, "auf das Innigste gedenken", den Gott, wie er
ihr als Amphitryon erschien, den göttlichen Geist, wie er in Amphitryon ist, als
den Grund ihrer Liebe wissen.

---

1 Unterstreichungen vom Verfasser (im Gegensatz zu V. 1464ff.) J. A.
2 Kritik der reinen Vernunft, S. 98; Immanuel Kant, Werke in 10 Bänden,
   hg. von Wilh. Weischedel, Darmstadt 1968, Bd. 3.

Das ist der Sinn dieses reizvollen Spiels von Unterscheidung und gleichzeitiger Einheit. So ist die zerstörerische Antinomie gelöst; damit sind die unversöhnlichen Gegensätze in dialektischer Weise aufgehoben, Liebe und Gesetz, Gefühl und Verstand, Gott und Mensch miteinander versöhnt.

Vielfach wurde Jupiter als der Gott gesehen, der sich verzweifelt um Personwerdung bemüht und deshalb eifrig versucht, den Gatten aus Alkmenes Herzen zu vertreiben. Damit würde er aber völlig seiner Göttlichkeit beraubt. Er wäre dann ausschliesslich der Verführer und eifersüchtige Liebhaber und stände so auf der gleichen Stufe wie der vor Wut tobende Feldherr, der damit wirklich zum Hahnrei würde. Auch ein zweiter Einwand widerlegt diese These. Jupiter ist ja zugleich der Schöpfer dieser Welt und Schöpfer der Menschen. Er ist es, der Alkmene erschaffen, er hat ihr dieses Wesen gegeben, in der Liebe zu Amphitryon zu leben. Ihre Aufgabe muss es sein, stets dieser ihrer Bestimmung treu zu bleiben. Und dass sie ihrem Wesen (und auch Amphitryon!) unverbrüchlich die Treue hält, beweist später Jupiters Preis auf sein Geschöpf:

> Mein süsses, angebetetes Geschöpf!
> In dem so selig ich mich, selig preise!
> So urgemäss,dem göttlichen Gedanken,
> In Form und Mass, und Sait und Klang,
> Wie's meiner Hand Aeonen nicht entschlüpfte!
> (1569-73)

Somit kann es doch nicht der Sinn seines Handelns sein, das Geschöpf von seiner Bestimmung abzubringen, also letztlich gegen sich selbst, der Verführer gegen den Schöpfer, aufzutreten. Vielmehr sucht Jupiter mit seinen verwirrenden Fragen, Alkmene so zu jener paradoxen Entscheidung zu führen, dass sie den Gott als von Amphitryon verschieden anerkennen kann und doch gleichzeitig immer Amphitryon treu bleibt, dass sie schliesslich diese geheimnisvolle Beziehung zwischen Mensch und Gott, dieses Zugleich von Unterscheidung und Einheit, denkend erkennen kann.

Noch verkennt hier Alkmene diesen tieferen Sinn der göttlichen Forderung. Treuherzig versichert sie:

> Wohlan! Ich schwörs dir heilig zu! Ich weiss
> Auf jede Miene, wie er ausgesehn,
> Und werd ihn nicht mit dir verwechseln.
> (1471ff.)

Auch dieser liebliche Irrtum weist darauf hin, dass es Jupiter nicht um eine Unterscheidung in der Gestalt gehen kann; denn mit lächelnder göttlicher Heiterkeit bekräftigt er das Bemühen seines Geschöpfes, künftig in gottgefälliger Weise Jupiters zu gedenken:

> Das tu. Sonst wagst du, dass er wiederkömmt.
> (1474)

Mit dem abschliessenden Gelöbnis hofft Alkmene des "Gatten" seltsame Forderungen endgültig zu erfüllen:

> Gut, gut, du sollst mit mir zufrieden sein.
> Es soll in jeder ersten Morgenstunde
> Auch kein Gedanke fürder an dich denken:
> Jedoch nachher vergess ich Jupiter.
> (1486-89)

Doch gerade dies kann Jupiter nicht genügen; seine Absicht ist es ja, ihr "ewig vorhanden zu sein". Und so muss er erneut den Gott aus ihr zu erfragen suchen.

Auch der Olymp ist öde ohne Liebe

Mit der gleichen göttlichen Ironie, einer Ironie, die weit über Komik und Tragik steht, setzt auch dieser Abschnitt ein. Jupiter legt Alkmene eine weitere Annahme vor: Wie würde sie sich verhalten, wenn jetzt, "gerührt durch so viel Besserung", der Gott sich aufs neue zeigte? – eine Besserung, bei der sie zwar des "Gatten" Forderungen hoch und heilig zu halten gelobt, im gleichen Atemzug aber davon spricht, nach der Stunde des Gebetes am Altar Jupiter wieder zu vergessen! Hartnäckig versucht der Olympier sein Geschöpf dazu zu bringen, dass es sich des Bezugs des Menschen zu Gott bewusst wird; wiederum soll Alkmene dabei in ihrer Liebe Gatten und Gott unterscheiden lernen.

Die gleiche, unwillkürliche Ironie schwingt auch mit in ihrer Antwort:

> Ach, der furchtbare Augenblick! hätt ich
> Doch immer ihn gedacht nur beim Altar,
> Da er so wenig von dir unterschieden.
> (1494ff.)

In dieser reizvollen oszillierenden Vermengung von Irrtum und Wahrheit nennt Alkmene, eher unwissentlich, ihre Schuld, dass sie beim Altar nicht immer ihn, den Gott, lediglich gedacht – sondern ihn sich als Amphitryon vorgestellt habe.

Doch im gleichen Augenblick verkennt sie aufs neue des Gottes Erscheinen. Zwar hat sie jenen nächtlichen Besucher als den Gott akzeptiert, aber als einen Gott, der überhaupt nicht vom Gatten unterschieden ist. Gewiss, in der Erscheinung — phänomenologisch gesehen — war Jupiter für die liebende Alkmene ihrem Gatten gleich; aber seinem Wesen nach ist der Olympier um ein Unendliches vom sterblichen Feldherrn verschieden. Und doch ist letztlich auch das wahre Wesen Amphitryons, wie es Alkmene in ihrer Liebe immer schon in ihrem Gatten sieht, Teil des unendlichen Wesens Gottes.

Diese kurzsichtige Gleichsetzung aber kann Jupiter nicht genügen. Er will nicht, dass Alkmene ihn stets nur als Amphitryon zu begreifen vermag; vielmehr soll sie erkennen, dass ihr geliebter Amphitryon wie auch die ganze Schöpfung Erscheinungsformen dieser Göttlichkeit sind und dass sie in der Liebe zu ihrem Gatten ebenfalls mit dem Gotte verbunden ist. Und so versucht er in einer weiteren Gegenüberstellung von Gott und Mensch, ihr diesen Unterschied klar zu machen.

> Du sahst noch sein unsterblich Antlitz nicht,
> Alkmene. Ach, es wird das Herz vor ihm
> In tausendfacher Seligkeit dir aufgehn.
> Was du ihm fühlen wirst, wird Glut dir dünken,
> Und Eis, was du Amphitryon empfindest.
> (1497-1501)

Damit verwirrt sich aber auch Jupiter und verstrickt sich in seine eigenen Reden. Gewiss sind seine Unterscheidungen an sich richtig; aber er vergisst, dass selbst sein wahres göttliches Wesen, damit es auch für den Menschen ist und von ihm erkannt werden kann, der Erscheinung bedarf. Dem Gott wird es ja nie möglich sein, als er selbst vor Alkmene zu erscheinen, ohne sie zu zerstören. Er kann sich dem Menschen immer nur mittelbar in einer Gestalt offenbaren; das "unsterbliche Antlitz" aber bleibt für den Sterblichen "in ewge Schleier eingehüllt".

Was die Philosophie in den Bereich des Transzendenten verweist, hat der Mythos ebenfalls im Bilde auszudrücken gewusst. Erinnern wir uns an die Sage der Semele, wo Zeus auf deren Wunsch sich in seinem "unsterblichen Antlitz" zeigte, damit die Gesetze für Erkennen und Denken des Menschen aufhob und so sein geliebtes Geschöpf zerstörte.

Alkmene jedoch weist diesen transzendenten Gott, den Wunsch nach olympischer Herrlichkeit, entschieden zurück. Und wie sie am liebsten das Ganze ungeschehen machen möchte, sieht sich Jupiter gänzlich um die Früchte seiner Bemühungen betrogen, und er verflucht den Wahn, der ihn hieher gelockt hat.

Doch dann unternimmt er einen neuen Versuch, Alkmene für den Gott zu gewinnen. Wenn er zu diesem Zweck zuerst von Jupiter, der ihre Vergessenheit
rächen wolle, gesprochen hat und nachher von der tausendfachen Seligkeit, die sie
vor seinem unsterblichen Antlitz fühlen würde, so entwirft er jetzt Alkmene ein
Bild des Gottes, der sich nach der Liebe seines Geschöpfes sehnt.

> Du wolltest ihm, mein frommes Kind,
> Sein ungeheures Dasein nicht versüssen?
> Ihm deine Brust verweigern, wenn sein Haupt,
> Das weltenordnende, sie sucht,
> Auf seinen Flaumen auszuruhen? Ach Alkmene!
> Auch der Olymp ist öde ohne Liebe.
> Was gibt der Erdenvölker Anbetung
> Gestürzt in Staub, der Brust, der lechzenden?
> Er will geliebt sein, nicht ihr Wahn von ihm.
> In ewge Schleier eingehüllt,
> Möcht er sich selbst in einer Seele spiegeln,
> Sich aus der Träne des Entzückens widerstrahlen.
> Geliebte, sieh! So viele Freude schüttet
> Er zwischen Erd und Himmel endlos aus;
> Wärst du vom Schicksal nun bestimmt
> So vieler Millionen Wesen Dank,
> Ihm seine ganze Fordrung an die Schöpfung
> In einem einzgen Lächeln auszuzahlen,
> Würdst du dich ihm wohl – ach! ich kanns nicht denken,
> Lass michs nicht denken – lass –
>
>   (1514-33)

Diese zentrale Deutung Jupiters ist in drei gleich grosse Abschnitte zu je
sechs Versen aufgeteilt; dazu kommen zwei überleitende Verse zu Alkmenes Antwort. Im ersten Abschnitt steht der vielfach zitierte Ausspruch "Auch der Olymp
ist öde ohne Liebe", das Thema des Gottes, der sich nach seinem Geschöpf sehnt,
im Mittelpunkt. Der zweite nimmt das zentrale Kleistische Problem von Erkennen
und Verkennen auf. Nicht nur in ihrem irdischen Treiben, auch in der Anbetung
Gottes sind die Menschen in Wahn und Irrtum befangen. Und die letzten Verse
schliesslich sprechen von des Gottes Anliegen an die Schöpfung, von Alkmene, die
diese Forderung erfüllen soll.

Liebe und Wahn, Wahrheit und Irrtum, Gott und Mensch, die Fragen, die
Kleist am tiefsten beschäftigten und in seinen Werken immer wieder gestellt werden,
sind alle in diesen Worten Jupiters enthalten.

Wie müssen wir aber das verstehen, wenn Jupiter von sich sagt, er wolle geliebt werden? Gewiss, in der "Erdenvölker Anbetung gestürzt in Staub" verehren
die Menschen nur "ihren Wahn von ihm". Wie kann aber der Gott von seinen Ge-

schöpfen verlangen, ihn selbst zu lieben – dazu müsste der Mensch ihn ja auch irgendwie erkennen können –, wenn er im gleichen Augenblick gestehen muss, sein Antlitz sei für den Sterblichen "in ewge Schleier eingehüllt"? Wer ist somit dieser Er?

Weder kann er in der "weissen Wand des Marmors", also als leerer, abstrakter Begriff, erfahren werden, noch darf ihn Alkmene dem Gatten, Amphitryon, gleichsetzen. Vielmehr muss der Gott als pantheistische Gottheit verstanden werden – wie dies im vorigen Abschnitt bereits angedeutet wurde – und als die sich Jupiter in der Schlussszene auch offenbart. Alkmene soll Jupiter so lieben, indem sie ihn als den Grund ihrer Liebe weiss und ihn so als den göttlichen Geist in Amphitryon denkend erkennt. Damit kann sie des Gottes Forderung erfüllen, damit ihm in einem Lächeln, das nun in Amphitryon auch den Gott weiss, den Dank der ganzen Schöpfung erweisen.

Wer unser Stück auf der Bühne sieht oder ihm bei einer ersten Lektüre begegnet, wird allerdings kaum zu einem solchen Schluss gelangen. Dann ergötzen ihn die geistvoll-witzigen Dialoge, die bildhafte, kernige Sprache oder die gesamte bühnenwirksame Anlage des Dramas. Dann wird er unsern Jupiter eher als den ungöttlichen Verführer und eifersüchtigen Liebhaber sehen. Und doch muss man wissen, dass Kleists Stücke stets doppelsinnig zu verstehen sind. Selbst noch der "Zerbrochene Krug", der ein reines Lustspiel ist, spielt auf einem doppelten Boden; sogar er kann "für eine Tinte (seines) Wesens gelten".[1]
Somit muss auch hinter diesem Lustspiel-Jupiter zugleich der wahre Gott gesehen werden. Unsere Deutung bestätigt sich ausserdem, wenn wir Jupiters Worte auf dem Hintergrund der Ideen des Idealismus verstehen. Sei es die Identitätsphilosophie eines Schelling, die Dichtung Hölderlins oder später Hegels absoluter Idealismus: Alle gestalten ein ähnliches Gottesbild, wo die Himmlischen, um gegenwärtig zu sein, auch der Menschen bedürfen oder wo der Gott Mangel leidet und in der Liebe seiner Geschöpfe sich erkennen und damit wieder mit sich selbst eins werden will.
So lesen wir in Hölderlins Rhein-Hymne:

> Es haben aber an eigner
> Unsterblichkeit die Götter genug, und bedürfen
> Die Himmlischen eines Dings,

---

1 Kleist an Friedrich de la Motte Fouqué, 25. 4. 1811.
  Ges. Ausg. II, S. 862.

So sinds Heroen und Menschen
Und Sterbliche sonst. Denn weil
Die Seligsten nichts fühlen von selbst,
Muss wohl, wenn solches zu sagen
Erlaubt ist, in der Götter Namen
Teilnehmend fühlen ein Andrer,
Den brauchen sie ... [1]

Jupiter ist hier wohl der wahre Amphitryon, nicht aber der wahre Gott, sondern eben nur der Gott, der in einer menschlichen Gestalt erscheint und damit in Widerspruch zu seiner unendlichen Göttlichkeit tritt. Auch er wird damit schuldig. Und dennoch ist dieses Eingehen in die Welt notwendig; nur so kann er seinem Geschöpf offenbaren, was des Gottes Forderungen sind, nur so wieder zu sich selbst gelangen.

Wenn Alkmene den Gott als den Grund ihrer Liebe weiss, ihn so in Amphitryon erkennt und damit in die Liebe miteinschliesst und die ganze Schöpfung als Manifestation dieses Gottes, in der sein göttlicher Geist wirkt, begreifen kann, dann leistet sie dieses teilnehmende Fühlen, dann öffnet sie ihm ihre Seele, in der er sich nun spiegeln kann und damit seine Identität mit sich selbst wieder gewinnt.

Erkennen und Liebe fordert hier Jupiter. Wieder sind damit die beiden gegensätzlichen Wege zur Wahrheit — Gefühl und Verstand — in den Blick gebracht. [2] Was Alkmene in ihrer Liebe leistet, das leistet am Schluss Amphitryon, der Verstandesmensch, im Erkennen. Er ist es, der auf Jupiters Frage: "Wer bin ich?" den Gott erkennt und ihn als den wahren Herrn in Theben anerkennt: "Du bist der grosse Donnerer! / Und dein ist alles, was ich habe" (2313f.). Und dennoch dürfen weder Alkmene noch Amphitryon in ihrem anfänglichen Sein verharren. Sie muss schliesslich nach den vielen quälenden Fragen in der Szene der Epiphanie mit Hilfe ihres Verstandes den Doppelgänger als den Gott erkennen, als einen anderen als ihren Gatten, der aber trotzdem, wie sie in den vielen theoretischen Spitzfindigkeiten gelernt hat, ebenso Amphitryon war. Der Feldherr aber hat in seiner demütigenden Lektion, in der er von seiner Hybris geheilt wird, erst die Liebe zu lernen.

---

1 Hölderlin, Sämtliche Werke, Band 2, hg. von Fr. Beissner, Stuttgart 1965, S. 152.
2 Für Kleist geht wahres Erkennen über die Erkenntnis, wie sie Kant formuliert hat, hinaus: für ihn bedeutet dies ein eigentliches Wahr-nehmen.
   So lesen wir in einem Brief an seine Braut:
   "Zuerst freut es mich überhaupt, dass Du das Talent besitzest, wahrzunehmen. Das, mein liebes Kind, ist kein gemeines Talent. Sehen und hören usw. können alle Menschen, aber wahrnehmen, das heisst mit der Seele den Eindruck der Sinne auffassen und denken, das können bei weitem nicht alle."
   An Wilhelmine von Zenge, Berlin, den 29. November 1800.
   Ges. Ausg. II, S. 604f.

Betrachten wir diesen Abschnitt nochmals kurz, diesmal aus der Perspektive Alkmenes. Dunkel ahnt sie, trotz der Gewissheit ihrer reinen Seele, dass sie auch unwissentlich eine Schuld auf sich geladen haben könnte. Schon im letzten Abschnitt spricht aus ihrer verzweifelten Frage: "Kann man auch Unwillkürliches verschulden?" eine solche Vermutung. Diese wird im angstvollen Ausruf: "Hätt ich / doch immer ihn gedacht nur beim Altar" in den eben besprochenen Versen nochmals geäussert. Doch gross kann ihre Schuld nicht sein, wenn Jupiter sie kurz darauf in seinem entzückten Preis derart erheben wird.

Aber trotz dieser Ahnung von einer Schuld lehnt Alkmene des Gottes Belehrungen ab. Sie möchte — wie die meisten Kleistischen Gestalten — in ihrem gegenwärtigen Sein verharren, ja, gar den letzten Tag ungeschehen machen und sich vor allen Göttern und Heroen riegelfest in ihre Klause verschliessen. Des Menschen Aufgabe aber ist, wie dies im Aufsatz "Ueber das Marionettentheater" zum Ausdruck kommt,

> "Durchgöttlichung der menschlichen Existenz, nicht Rückkehr zum Tier, denn diese ist für das erkennende Wesen unmöglich, sondern Hinbewegen auf die Gottheit, die aber nicht von aussen die Welt bewegt, sondern in der Seele als ihrer Spielfigur sich verwirklicht."[1]

Und so wird sie von Jupiter beharrlich gezwungen, den Weg vorwärts zu dieser Erkenntnis zu gehen.

In der gleichen Antwort wendet sich Alkmene aber auch — mit Recht — gegen Jupiters Unterstellung, sie würde die Herrlichkeiten des Olymps der Liebe zu Amphitryon vorziehen. Sie wählt das Diesseits, wo sie ihre Aufgabe in der Liebe zu ihrem Gatten hat. Dies entspricht Kleists eigenster Ueberzeugung; er lehnt entschieden alles Spekulative ab. Für ihn hat der Mensch hier auf dieser Welt seine ihm eigens übertragene Aufgabe zu erfüllen. Dafür finden wir Zeugnisse in seinen Briefen und seinem Werk.

> "Ich schränke mich daher mit meiner Tätigkeit ganz für dieses Erdenleben ein. Ich will mich nicht um meine Bestimmung nach dem Tode kümmern, aus Furcht, darüber meine Bestimmung für dieses Leben zu vernachlässigen."[2]

---

1 Benno von Wiese, Die deutsche Tragödie von Lessing bis Hebbel, Hamburg 1967[7] (1. Aufl. 1948), S. 288.
2 An Wilhelmine von Zenge, Würzburg, den 16. September 1800. Sembdner, Geschichte meiner Seele, S. 103.

Im "Zerbrochenen Krug" antwortet Ruprecht den Vertröstungen seiner Braut auf ein jenseitiges Leben:

> Mein Seel, das dauert mir zu lange, Evchen,
> Was ich mit Händen greife, glaub ich gern. [1]

Und ähnlich Friedrich von Homburg in seinem Monolog im Gefängnis:

> Zwar, eine Sonne, sagt man, scheint dort auch,
> Und über buntre Felder noch, als hier:
> Ich glaubs; nur schade, dass das Auge modert,
> Das diese Herrlichkeit erblicken soll. [2]

Und auch Alkmene hat in Jupiter immer nur ihren Gatten erkannt, "dem Leben treu, ins Göttliche verzeichnet" (1191).

Alle unsere Beobachtungen weisen somit auf ein immanentes, nicht ein transzendentes Gottesbild, also auf die vorhin postulierte panentheistische Deutung der Gottheit.

Wie nun Jupiter von der Sehnsucht des Gottes nach der Liebe eines Geschöpfes spricht, befolgt Alkmene eigentlich nur seine frühere Mahnung: "Du wirst über dich, / wie er dich würdiget, ergehen lassen" und begegnet seiner verhüllten Bitte mit ihrer ganzen demütigen Lieblichkeit:

> Fern sei von mir,
> Der Götter grossem Ratschluss mich zu sträuben,
> Ward ich so heilgem Amte auserkoren.
> Er, der mich schuf, er walte über mich.
> (1533-36)

Und doch schränkt sie gleich wieder schüchtern ein, unverwirrbar Amphitryon die Treue haltend:

> (Doch lässt man mir)
> Die Wahl, so bliebe meine Ehrfurch ihm,
> Und meine Liebe dir, Amphitryon.
> (1537ff.)

Wenn sie auch in diesem reizvollen Irrtum Jupiter, ihm, dem vermeintlichen Gatten, die Liebe verspricht, so kann die irrige Trennung dem Olympier doch nicht genügen. Jetzt, wie Alkmene bereit ist zu unterscheiden, muss er sie dazu bringen, Gott und Gatten als auf wunderbare Weise eins und doch wieder nicht als identisch zu erkennen.

---

1 "Der zerbrochene Krug", Vers 1175f., Ges. Ausg. I, S. 217.
2 "Prinz Friedrich von Homburg", Vers 1293-96, Ges. Ausg. I, S. 686.

Wenn ich nun dieser Gott dir wär -?

Mit dieser Frage, in der er zum ersten Mal — wenn auch nur hypothetisch — als der Gott spricht, setzt Jupiter seine Bemühungen fort, sein Geschöpf zur Erkenntnis zu führen. Wiederum schillert die Sprache in Doppelsinn und Ironie. Einer seits weist sie darauf hin, dass Jupiter-Amphitryon, abgesehen von seinem irdische Erscheinen, tatsächlich dieser Gott ist; anderseits spielt sie auf Alkmenes Schuld an: die Vergötterung des Gatten am Altar des Gottes. Für Alkmene jedoch spricht Jupiter immer nur als der eine, als Amphitryon, auch wenn er sich plötzlich so besorgt zeigt, dass seine Gattin womöglich dem Gott nicht auf ihm wohlgefällige Weise diene.

Wie ihr diese neue Annahme vorgelegt wird, gerät sie abermals in Verwirrung Noch gedenkt sie der Mutmassung des "Gatten", Jupiter zürne, weil sie ihn Amphitryon gleichgesetzt habe und damit der Abgötterei verfallen sei. Zugleich weiss sie aber, dass Jupiter sie in eben dieser Gestalt Amphitryons besucht haben soll. Steht jetzt wieder der Gott vor ihr? Verzweifelt versucht sie mit ihrem Verstand zu entscheiden, ob dies lediglich ein neues theoretisches Problem oder Wirklichkeit sei. Die Sprache stockt und droht zu versagen. Alkmene weiss nicht.

                                          Wenn du
      - Wie ist mir denn? Wenn du mir dieser Gott wärst
      - - Ich weiss nicht, soll ich vor dir niederfallen,
      Soll ich es nicht? Bist dus mir? Bist dus mir?
                                       (1540-43)

In geistvoll spielerischer Weise führt die letzte Frage "Bist dus mir?" diesen Doppelsinn weiter. Wiederum weist der gleiche Sprachkörper auf Sein und Schein, auf den Gott und den vergötterten Gatten. Auch hier steht letztlich Kleists Erkenntnisproblematik im Hintergrund. Gleichzeitig zielen alle Fragen Jupiters darauf hin, Alkmene diese geheimnisvolle Einheit von Gott und Gatten erkennen zu lassen. Denn weder darf ihr der Gatte Gott noch kann ihr der Gott Gatte sein; doch im Wissen um das wahre Wesen Amphitryons, in dem der göttliche Geist ebenfalls wirkt und lebt, bleibt ihr der eine im andern erhalten.

Dieses zu erkennen, kann Jupiter Alkmene aber nicht abnehmen. Wie es ihm vorher nicht möglich war, ihre Liebe zu ihm, dem Gott, zu fordern, ja, nicht einmal zu denken — denn die Liebe kann ihrem Wesen nach weder gefordert noch gedacht, sondern allein gelebt werden[1] —, so muss er hier seinem Geschöpf die Entscheidung überlassen:

> Entscheide du. Amphitryon bin ich.
> (1544)

Gewiss, als pantheistische Gottheit ist Jupiter unter allem anderen auch Amphitryon. Hier aber ist er seinem Geschöpf in der Gestalt Amphitryons erschienen. Und so folgt der ontologischen auch gleich eine phänomenologische Deutung:

> Amphitryon, dir ja.
> (1545)

Gleichzeitig klingt in diesem Wortspiel Alkmenes Verwechslung an, wie sie selbst "in des Blitzes zuckender Verzeichnung", sogar noch am Altar des Gottes immer nur ihren Gatten sieht: Der Gott ist ihr Amphitryon.

Mit der dritten, hypothetischen Ich-Deutung schliesslich versucht Jupiter Alkmene dahin zu bringen, seine verrätselten Offenbarungen zu verstehen; und doch enthält sie zugleich die verführerische Versuchung, Gott und Gatten als identisch zu sehen.

> Doch wenn ich, frag ich, dieser Gott dir wäre,
> Dir liebend vom Olymp herabgestiegen,
> Wie würdest du dich dann zu fassen wissen?
> (1546ff.)

Beachten wir auch, dass hier nicht mehr von einem rächenden, sondern von einem liebenden Gott die Rede ist!

Aber die unmittelbare Wahrheit der Gegenwart "Amphitryons" spricht viel zu deutlich, als dass Alkmene ihn überhaupt als einen anderen zu denken vermöchte.

> Wenn du mir, Liebster, dieser Gott wärst — ja,
> So wüsst ich nicht, wo mir Amphitryon wäre,
> So würd ich folgen dir, wohin du gehst,
> Und wärs auch, wie Euridike, zum Orkus.
> (1549-52)

---

1 "Es ist der Liebe eine Art von Unehre, wenn sie geboten wird, dass sie, ein Lebendiges, ein Geist, mit Namen genannt wird; ihr Name, dass über sie reflektiert wird, und Aussprechen derselben ist nicht Geist, nicht ihr Wesen, sondern ihm entgegengesetzt, und nur als Namen, als Wort kann sie geboten, es kann nur gesagt werden: du sollst lieben; die Liebe selbst spricht kein Sollen aus ..." Hegels theologische Jugendschriften, hg. von Herm. Nohl, Tübingen 1907, unver. Nachdruck, Frankfurt a. M. 1966, S. 296.

Alkmene kann immer nur in diesem Bezug zu Amphitryon leben; Jupiters Annahme ist für sie nicht einmal denkbar. Und so bleibt auch sie selbst mit ihrer Antwort "dem Leben treu", ohne des Gottes Anliegen überhaupt zu bemerken.

Doch Jupiter gibt nicht auf. Er geht auf Alkmenes Argument ein und führt seine Gedankenakrobatik noch eine Stufe höher.

> Wenn du nicht wüsstest, wo Amphitryon wäre.
> Doch wie, wenn sich Amphitryon jetzt zeigte?
> (1553f.)

Sie will die quälerische Frage zunächst als Unmöglichkeit von sich schieben.

> Wie kann sich auch Amphitryon mir zeigen,
> Da ich Amphitryon in Armen halte?
> (1556f.)

Bereits scheint sie des Gottes Erscheinen in eben dieser Gestalt des Gatten vergessen zu haben. Und so warnt sie Jupiter vor ihrem Gefühl, das sie doch schon einmal "getäuscht" habe. Nochmals fordert er sie auf zu entscheiden, wie sich ihr Herz zwischen diesen beiden Amphitryonen, dem Gott und dem Gatten, erklären würde.

> Wenn ich, der Gott, dich hier umschlungen hielte,
> Und jetzo dein Amphitryon sich zeigte,
> Wie würd dein Herz sich wohl erklären?
> (1561ff.)

Wie schon bei Jupiters erstem Erscheinen Alkmene vorerst allein in der Sprache, dem Werkzeug des Verstandes, den Geliebten und Gemahl unterscheiden musste und erst nachher bei der Rückkehr Amphitryons tatsächlich den Gatten vom Geliebten trennte ("Fahr hin auch du, unedelmütger Gatte, / es reisst das Herz sich blutend von dir los." (980f.)), ebenso wird hier mit dieser theoretischen Trennung von Jupiter-Amphitryon und dem Feldherrn das Gegenübertreten der beiden Amphitryonen in der Schlussszene und Alkmenes letzter qualvoller Entscheid in der Sprache vorweggenommen.

Wie Sosias und später Amphitryon wird damit auch Alkmene in die Welt der Doppelgänger verstrickt. Allerdings lebt sie nicht hybrid und absolut aus sich selbst, wie dies für die Welt des Mannes kennzeichnend ist, sondern in ihrem liebenden Bezug zum Du. Somit kann sie auch ihr Wesen nicht verfehlen oder gar sich selbst als Doppelgänger gegenübertreten.

Aber dennoch bleibt auch ihre Welt nicht ungefährdet. Für sie ist ihre Liebe zu Amphitryon der Grund, der ihr ermöglicht, Alkmene zu sein; sollte ihm wirklich ein Doppelgänger werden und sie gar den falschen wählen, würde ihre Existenz vernichtet. Hier, in Jupiters Fragen, und in der Schlussszene werden jedoch zwei Amphitryonen sichtbar, die dennoch in Wahrheit nur einer sind — aber,um Alkmene und ihren Gatten zu dieser Erkenntnis der Einheit des Menschen mit seinem göttlichen Grunde zu führen,als Doppelgänger erscheinen müssen.

So bemüht sie sich angestrengt, auf die verfängliche Annahme eine Antwort zu finden. Wort für Wort wiederholt sie des "Gatten" Frage und versucht dabei das Unmögliche zu begreifen; sie stockt, zögert, um schliesslich, in scheinbar widersprüchlicher Weise, auch hier Amphitryon die Treue zu halten.

> Wenn du, der Gott, mich hier umschlungen hieltest
> Und jetzo sich Amphitryon mir zeigte,
> Ja — dann so traurig würd ich sein, und wünschen,
> Dass er der Gott mir wäre, und dass du
> Amphitryon mir bliebst, wie du es bist.
> (1564-68)

Zunächst scheint uns das Ganze unverständlich und widersinnig. — Was meinen denn ihre Worte? Ergeben sie überhaupt einen Sinn? Wenn wir den Chiasmus syntaktisch aufgliedern — ohne die konditionale Abhängigkeit genau wiederzugeben —, erhalten wir folgende Aussage:

Ich würde wünschen,

— wenn jetzo sich Amphitryon mir zeigte ..., dass er der Gott mir wäre

— wenn du, der Gott, mich hier umschlungen hieltest ..., dass du Amphitryon mir bliebst, wie du es bist.

Dies ist jedoch nur ein scheinbarer Widersinn. In genialer und tiefsinniger Weise hat Kleist hier Alkmene ihre Aufgabe erfüllen lassen, eine Aufgabe, deren Lösung nur in diesem Paradoxon möglich war. Damit hat Jupiter den Zweck seines Verhörs erreicht, ohne dass Alkmene den Gatten zugunsten des Gottes verraten hätte. Nun unterscheidet sie in ihrer Antwort den Gott vom Gatten, bleibt dennoch unverbrüchlich Amphitryon treu und verbindet zugleich im logischen Sinn der Worte die beiden in einer neuen Einheit. [1] Damit weist das Wortspiel auch auf die pantheistische Gottheit — auf Jupiter, wie er nach seinem Erdenbesuch wieder sein wird — und auf Amphitryon, in dem Gott und Gatte eins aber nicht das gleiche sind. So geben

---

1 Die Anregung zu dieser Interpretation verdanke ich dem Aufsatz von W. Müller-Seidel: Die Vermischung des Komischen mit dem Tragischen in Kleists Lustspiel "Amphitryon", S. 129, wobei dort der pantheistische Aspekt jedoch nicht berücksichtigt wird.

diese Verse auf engstem Raum Alkmenes ganzen Weg des Erkennens wieder: das
Ineinander von Gott und Gatten im Gebrodel des Gefühls, die qualvolle Trennung
der beiden, zunächst in der Sprache und dann wie sich der wahre und der wirkliche
Amphitryon gegenübertreten, und schliesslich die dialektisch höhere Stufe der Ein-
heit, wo sich Jupiter als der göttliche Grund in Amphitryon erweist.
Darauf bricht Jupiter in den Preis auf sein Geschöpf aus.

> Mein süsses, angebetetes Geschöpf!
> In dem so selig ich mich, selig preise!
> So urgemäss, dem göttlichen Gedanken,
> In Form und Mass, und Sait und Klang,
> Wie's meiner Hand Aeonen nicht entschlüpfte!
> (1569-73)

Er feiert den Sieg als Schöpfer eines Geschöpfes, das unbeirrbar seinem Wesen
treu blieb; gleichzeitig siegt er aber auch als Jupiter-Amphitryon, der für den
Gott warb und Alkmene schliesslich — wenn hier auch erst in der Sprache — zum
Erkennen des göttlichen Grundes in Amphitryon führte. Er hat sein Ziel erreicht:
Bei Alkmene vermag er sich in einer Seele zu spiegeln, in ihr findet er sich selbst
wieder als den "göttlichen Gedanken" und kann so auch sich selbst in seinem vollkommenen Geschöpf selig preisen.

Alkmene hat das dialektische Spiel der Unterscheidung bestanden. Zwar sieht
sie darin einstweilen lediglich einen quälerischen Scherz des "Gatten" und vermag
noch keine Beziehung zwischen ihrem theoretischen Entscheid und der Wirklichkeit
zu erkennen. Und so weisen denn die folgenden Worte Jupiters auf die Epiphanie,
wo sich ihr alles zum Siege lösen wird, wo sie durch die Erscheinung der beiden
Amphitryonen zur völligen Erkenntnis, zum Wissen um das Wesen der Liebe, geführt werden wird.

Auf dieses qualvolle, ungöttlich göttliche Verhör, in dem es in verwirrender
Gedankenakrobatik galt, zwischen Amphitryon und Jupiter zu unterscheiden, folgt
nun die Parodie dieser Auseinandersetzung des Menschen mit dem Gott. Dem Zuschauer wird eine Atempause von all den "Gedankenübeln" gewährt, und mit wachsen
dem Schmunzeln verfolgt er den Wechsel von der Verwechslungstragödie zum Derb-
Drastischen der Komödie, wo ein befreiendes Lachen die unerträgliche Spannung

löst. Kontrapunktisch wiederholen Sosias und Charis in ihrer beschränkten Welt von "Wurst und Kohl" Motiv für Motiv die Szene mit dem — hier nur scheinbar — göttlichen Doppelgänger.

Wenn Alkmene in der Begegnung mit Jupiter trotz seines Bemühens, sich ihr als Gott zu offenbaren, immer nur ihren Amphitryon sieht, ja, immer nur Amphitryon sehen kann, so glaubt hier Charis in ihrem pfiffig feigen Gatten den Gott zu erkennen. Wo Alkmene in unverwirrbarer Sicherheit aus ihrer Liebe lebt und damit stets sich selbst treu bleibt, da gesteht Charis, verstrickt in die Welt der Doppelgänger:

> Gewiss, wir hätten manche gute Seite,
> Die unachtsam zu Innerst blieb, mehr hin
> Nach aussen wenden können, als geschehn ist.
> (1624ff.)

In ihrer Welt sind Sein und Schein nicht identisch. Wo Alkmene demütig eine olympische Gnadenwahl von sich weist, da stellt sie sich, der "treuen Dienerin", nicht eben bescheiden, den herrlichen Phöbus zur Seite. Von erfrischender Komik ist auch der Wandel ihrer Sprache, wie sie nun in geschraubtem Stil und in homerischen Wendungen den vermeintlichen Gott anspricht.

Ebenso ergötzen wir uns an Sosias, wie er den ganzen Teufelsspuk und die Ehre des göttlichen Besuches, die er auf seinem Rücken leibhaftig erfahren hat, kurzweg ablehnt:

> Dergleichen Heirat war mir stets zuwider.
> . . . . .
> Es ist wie Pferd und Esel.
> (1607 / 1610)

Kurzentschlossen macht er sich den scheinbar plötzlichen Gesinnungswandel von Charis zunutze und überlässt sich in Flegeleien und saftigen Schimpfwörtern seinem Zorn. Doch nicht genug damit. Zuletzt verteidigt er gar sein letztes Restchen Sosias-Ehre vor dem ihm angedrohten Hörnerpaar. Er beschimpft seine Gattin, dass sie der "heilgen Ehepflicht" spotte, und zeiht sie in selbstgerechter Manier der Gotteslästerung und der Sünde, um dann sogleich für Sünd und beleidigte Ehre sich Wurst und Kohlköpf einzuhandeln.

Mit dem gleichen Vergnügen verfolgen wir die Parodie von Versehen und Erkennen. Wenn Jupiter bei all seinen Fragen für Alkmene immer Amphitryon ist, so glaubt Charis an den zornigen Schimpfwörtern und dem Wunsch nach Wurst und

Kohl unfehlbar den "fernhintreffenden Apollon" zu erkennen, der sich danach dennoch als der "alte wohlbekannte Esel Sosias" entpuppt.

Und so freuen wir uns, wo uns eben noch der drohende, zerstörerische Ausgang bedrängte, mit einem erleichterten Lachen an der derben, handfesten Lösung der Komödie.

UND WER IST AUSSER MIR AMPHITRYON ?

Seit Frickes Kleist-Buch steht in den Interpretationen fast überall Alkmene im Zentrum, und Jupiter wird entweder entsprechend als "Hilfskonstruktion" apostrophiert, oder aber seine Worte werden ganz einfach unterschlagen. Das letzte Kapitel hatte die Absicht, aufzuweisen, dass der Gott ebenfalls als selbständige Gestalt gesehen werden muss — allerdings nicht im Sinne einer psychologischen Einheit, sondern als die Gottheit, die Gestalt annimmt und damit in Widerspruch zu sich selbst tritt. Deshalb musste er auch stets in dieser doppelten Bedeutung gesehen werden. Daraus erwuchs dem Handeln Alkmenes eine neue Perspektive, und die gesamte Deutung erhielt zugleich eine andere Richtung. Alkmene, nicht mehr mit der einseitigen existentiellen Optik betrachtet, stand so in einem doppelten Bezug, im Bezug zu Amphitryon und zum Gott. Gleichzeitig erhellte dieses "metaphysische Dreiecksverhältnis" den intendierten geistigen Hintergrund.

Dieses Kapitel soll nun den Weg Amphitryons aufzeigen. Vor allem er muss ja durch harte und grausame Denkzettel zur Erkenntnis geführt werden. Deshalb dürfen wir seine und Alkmenes Schuld — wenn wir bei ihr überhaupt von "Schuld" sprechen wollen — nicht auf die gleiche Stufe stellen. Alkmene lebt schon immer als das vollkommene Geschöpf, nur dass sie das Wissen um die Göttlichkeit ihrer Liebe noch nicht besitzt und im "Gebrodel des Gefühls" die Liebe zu Jupiter und zum Gatten miteinander vermengt. Amphitryon dagegen ist völlig in die Welt der Diskursivität verstrickt und hat damit sich selbst verfehlt. Daher muss er in der Lektion des Gottes zunächst einmal sein wahres Wesen, die Identität mit sich selbst gewinnen. Erst wie er all seinen scheinbar so gesicherten Besitz verloren hat und sich zuletzt sogar von seiner Gattin verlassen sieht, wie er völlig nackt und arm, ohne jeden Bezug, der den Menschen erst zum Menschen macht, vor dem Volke Thebens steht und dann in einem letzten Akt des Glaubens Alkmenes Entscheid für den göttlichen Nebenbuhler als den wahren Amphitryon akzeptiert, in diesem Augenblick erfolgt der Umschlag, und dem Feldherrn wird vom höchsten Gott sein Amphitryon-Sein zurückgegeben, oder besser: erst gegeben. Damit hat er der Liebe, die er in seiner Verblendung als verfügbar und als einen Besitz betrachtete, ihre heiligen Rechte wiedergegeben, und eine Versöhnung des menschlichen Paares, eine wahre Gemeinschaft werden möglich. Und dann am Schluss, auf den hin alle drei Figuren konzipiert sind, wird Amphitryon und Alkmene in der Offenbarung Jupiters

die Erkenntnis vom Wesen ihrer Liebe zuteil, und der schmerzhafte, eben noch
rätselhaft verdunkelte Weg, den sie zurückgelegt, liegt nun offen vor ihnen.

Besonders dieser dritte Akt lässt die mehrfache kunstvolle Kontrapunktik im
Aufbau des Stücks erkennen. Hier steht Amphitryons Weg, der Verlust seines
Wesens, der in der Begegnung mit dem Doppelgänger augenfällig wird, dem gesicherten Sein Alkmenes in ihrer Liebe gegenüber. Es ist dies ein zentrales Thema
Kleists: der Gegensatz zwischen dem Mann, der mit seinem Verstand alles zu erfassen und zu besitzen wähnt und damit scheitert, und der Frau, die sich ihrem
innersten Gefühl vertraut und so untrügbar ihr Wesen zu bewahren vermag. Daneben
gibt es aber auch in dieser Welt des Mannes, in der Begegnung mit dem Doppelgänger, eine weitere Gegenüberstellung: die komische Variante des Sosias und die
das Tragische streifende des Amphitryon. Und schliesslich wird auch eine kontrapunktische Funktion des Dienerehepaars sichtbar. Sosias parodiert hier die absolut
gesetzte Ehre seines Herrn; dementsprechend kennen wir die völlige Pervertierung
jener Tugend, wie sie Alkmene lebte, in der Schein-Welt der Charis.

Doch wenden wir uns wieder dem Text zu. Die erste Szene ist thematisch in
vier Teile zu ungefähr sieben Versen gegliedert. Schon der Anfang deutet auf das
Hauptmotiv: Amphitryons Doppelgängertum. Selbst die scheinbar nebenhin gespro-
chenen Worte weisen auf die Trennung von Sein und Schein:

> Und in die Arme schliessen muss ich jeden,
> Und in die Hölle jeden fluch ich hin.
> Nicht einer, dem ein Herz geworden wäre,
> Das meine, volle, darin auszuschütten.
> (1670-73)

Es ist kein Zufall, dass der Feldherr in dieser Welt keines Freundes Herz gefunden
hat. Der Krieg, die Welt der Diskursivität schlechthin, der sichtbare status corrup
tionis, verunmöglicht es dem Menschen, wahr zu sein. Ein von Kleist häufig verwendetes Zeichen für dieses Verharren in der Verblendung und das Verfehlen der
eigenen Identität ist die Rüstung. So ist es dem erzgeschienten Amphitryon, wie es
schon das Symbol bildhaft zeigt, gänzlich unmöglich, seine ebenso gerüsteten Gefährten "ans Herz zu drücken"; zwischen ihnen steht trennend das Eisen des Miss-
trauens und des Verrates.

Ebenso weisen die folgenden Verse darauf hin, dass Amphitryon seine Identität
nicht besitzt. Die Kriterien "Gestalt und Art", die er für sein Amphitryon-Sein an-
führt, sind nur rein äusserliche Merkmale, für Sinne und Verstand erfassbar. Er

ist wirklich der Gatte und nicht der Liebende, dessen Wesen für die Geliebte unendlich ist und somit überhaupt nicht entwendbar wäre. So verflucht er, der Verstandesmensch, was sein Kopf nicht fassen kann als ein "leidges Höllenstück des Satans".

Nochmals versucht er mit seinen "fünf gesunden Sinnen" und mit rationalen Argumenten das Dunkel zu erhellen. Aber wiederum sind es nur äusserliche Kennzeichen, die er für sein Ich anzuführen vermag. Für Amphitryon gibt es kein individuum ineffabile; das Menschsein erschöpft sich bei ihm im rein Körperlichen. In surrealistischer Manier, die eines Dali würdig wäre, legt er zergliedert, einzelne Körperteile als Beweisstücke für den Gatten vor.

> Augen,
> Aus ihren Höhlen auf den Tisch gelegt,
> Von Leib getrennte Glieder, Ohren, Finger,
> Gepackt in Schachteln, hätten hingereicht,
> Um einen Gatten zu erkennen.
> (1683-87)

Unverkennbar haben wir hier das Gegenstück zu jener Szene (II/4), wo sich Alkmene dem Unerklärlichen gegenübersieht. Die beiden Hauptgestalten verhalten sich jedoch völlig gegensätzlich. Sie war bereit, auf alle Sinne zu verzichten, mit der Gewissheit, auch dann noch allein mit ihrem liebenden Herzen, mit dieser Glocke, das einmalige, unteilbare Wesen des Geliebten zu erkennen; Amphitryon dagegen beharrt auf dem Erkennen der fünf Sinne und verlangt, mit deren Hilfe sogar an einem abgetrennten Körperteil den Gatten zu erkennen. Auch das Motiv der Glocke wird wieder aufgenommen. Allerdings bezeichnet das gleiche Wort, das bei Alkmene jenes untrügbare, unverwirrbare Erkenntnisorgan der Liebe meinte, hier für den Feldherrn lediglich den konkreten Gegenstand: die Glocke, an deren Geläute man aus einer Herde gleicher Tiere das eigene erkennen kann.

Schliesslich versucht auch Amphitryon vom Du her das Unerklärliche zu begreifen und gewinnt den Glauben an Alkmene wieder.

> Zu argen Trug ist sie so fähig just,
> Wie ihre Turteltaub; eh will ich an
> Die Redlichkeit dem Strick entlaufner Schelme,
> Als an die Tücke dieses Weibes glauben.
> (1690-93)

Allerdings ist die einzige rationale Erklärung, die er für das Irrationale finden kann, die, dass Alkmene verrückt sei — obwohl gerade er durch Jupiters Erscheinen ver-rückt worden ist.

Die folgende Szene mit Merkur-Sosias soll ihn noch völlig ausser sich bringen. Entsprechend der Szene (I/2), in der der Diener seinem überlegenen Doppelgänger begegnet, stellt hier der olympische Sosias, durchaus nicht göttlicher als sein richtiger Herr, mit hohnvollen Reden die Identität seines "Herrn" in Frage. Was Amphitryon bis anhin bei Diener und Gattin mit Gehirnverrückung oder Trunkenheit erklärte, muss er nun am eigenen Leib erfahren.

Gleich der Anfang zeigt, dass es Amphitryon ist, der ver-rückt ist. Sein Ausser-sich-Sein wird schon darin augenfällig, wie er von seinem eigenen Haus ausgeschlossen ist. Es folgt ein Dialog, der demjenigen im I. Akt zwischen Merkur und Sosias entspricht; doch diesmal muss Amphitryon Beweise für sein Ich-Sein erbringen.

Merkur	Holla! Geduld! Wer klopfet?
Amphitryon	Ich.
M.	Wer? Ich!
A.	Ah! Oeffne!
M.	Oeffne! Tölpel! Wer denn bist du, Der solchen Lärm verführt, und so mir spricht?
A.	Ich glaub du kennst mich nicht?
M.	O ja; Ich kenne jeden, der die Klinke drückt. – Ob ich ihn kenne!

(1707-12)

Noch zweifelt Amphitryon nicht an sich selbst; eher glaubt er, ganz Theben habe den Verstand verloren. Er versucht, den Diener auf seine Sinne zu verpflichten. Er schreit ihm seinen Namen zu, fragt, ob er ihn denn nicht sehe und ruft schliesslich in seiner Wut die "gerechten Götter" an. – Wir kennen diese Ironie auch von den andern Gestalten her, wie sie die fernen Götter anrufen, die im gleichen Augenblick leibhaftig vor ihnen stehen. Hier erweist sich sogar die Ironie als doppelsinnig, denn Merkur erscheint mit seinem grausamen Spiel nicht eben als einer der "gerechten" Götter.

Trotzdem ist Amphitryon nicht frei von Schuld und hat eine tüchtige Lehre verdient. Wie er in seinem Verstandesdenken durch die kausale Verknüpfung alles als erklärbar und beherrschbar betrachtete, ebenso glaubte er ungestraft über den Menschen, über Diener und Gattin, verfügen zu können. Und so kehrt hier Merkur mit seinen Reden voll Spott und Hohn das altgewohnte Herr-Diener-Verhältnis um und lässt den selbstherrlichen Feldherrn die Frucht der Demütigungen schmecken.

Aber auch seine Verstandesgläubigkeit muss zuschanden werden. Bereits in der doppeldeutigen Wendung "Was gibts denn nicht, zum Teufel?" (1718f.) verspottet der Götterbote den Rationalisten, für den Wunder gänzlich ausserhalb des Möglichen liegen, weil nicht sein darf, was nicht sein kann. [1] Alsdann verhöhnt er aufs neue unbarmherzig des Feldherrn Beharren auf seinen "fünf gesunden Sinnen":

> Nun? bist du fertig? Hast du mich besehen?
> Hast du mit deinen stieren Augen bald
> Mich ausgemessen? Wie er auf sie reisst!
> Wenn man mit Blicken um sich beissen könnte,
> Er hätte mich bereits zerrissen hier.
> (1734-38)

Fassungslos hört Amphitryon die schamlosen Reden seines "Dieners", schwankend zwischen ohnmächtiger Wut und ungläubigem Zweifel. Schliesslich bezwingt er sich, um doch noch in seine Burg zu gelangen.

> Komm, steig herab, und öffne mir.
> (1742)

Doch nicht genug des grausamen Spiels. Merkur behandelt den Feldherrn weiterhin als einen Fremdling und fragt ihn, wen er denn zu sprechen wünsche. Auf dessen erneutes Toben und Drohen weist er ihn hohnlächelnd vom Hause weg und verleugnet ihn als seinen Herrn.

> Du wärst mein Herr? –
> .....
> Ich kenne
> Nur einen, und das ist Amphitryon.
> (1756ff.)

Nun ist es endgültig um die Fassung Amphitryons geschehen. Schäumend vor Wut schleudert er dem Verräter aus seinem noch ungebrochenen Selbstbewusstsein die Worte entgegen:

> Und wer ist ausser mir Amphitryon?
> (1759)

Auch diese selbstherrliche Ich-Gewissheit überhäuft Merkur unbarmherzig mit Spott. Von diesem gleichen "Sosias", dessen Geschwätz vom Doppelgänger er eben noch ärgerlich als Trunkenheit zurückwies, muss Amphitryon sich nun als Trunkenbold verhöhnen lassen – allein weil er darauf beharrt, er sei Amphitryon.

---

1 Aehnlich spricht Achilles in der "Penthesilea" zum verdutzten Diomedes:
> Was er im Weltkreis noch, so lang er lebt,
> Mit seinem blauen Auge nicht gesehn,
> Das kann er in Gedanken auch nicht fassen.
> (2464ff.)

Der Götterbote weiss seinen Abgang zu wählen. Mit dem letzten Trumpf eröffnet er dem völlig gebrochenen und entsetzten Feldherrn, "Amphitryon" befinde
sich in der Burg und wolle nicht gestört werden.

Amphitryon	Was? dort im Hause wär Amphitryon?
Merkur	Hier in dem Hause ja, er und Alkmene.
	Geh, sag ich noch einmal, und hüte dich
	Das Glück der beiden Liebenden zu stören,
	Willst du nicht, dass er selber dir erscheine,
	Und deine Unverschämtheit strafen soll.
	(1773-78)

Mit diesem letzten vernichtenden Schlag ist Amphitryon wirklich ent-setzt
und völlig ausser sich: der Zutritt zu seiner Burg ist ihm verwehrt, sein Diener
verhöhnt ihn als einen Fremdling, und seinen Platz als Gatte hat bereits ein anderer
eingenommen. Nicht dass er damit gleich dem wirklichen geprügelten Sosias auf
sich selbst Verzicht leisten würde. Er weiss, dass er Amphitryon ist; aber er
weiss noch nicht, dass er bis jetzt sein wahres Amphitryon-Sein verfehlt hat. Bis
anhin war er nur der Gatte und der Feldherr; er lebte völlig in der Aeusserlichkeit,
in der Diskursivität. Darum wird er nun von den Olympiern einer Rolle nach der
andern, die lediglich in dieser Welt des Scheins gegründet sind, beraubt.

Auch Amphitryons Reaktion auf diese Demütigungen wirft ein Licht auf seine
Schuld. Selbst jetzt handelt er noch als der Verstandesmensch: Er wägt ab, folgert
und zieht einen Schluss. Alles spielt in der äusserlichen Welt des Feldherrn. Er
spricht allein von seiner Ehre und der Schande, die sein Haus getroffen. An die
Liebe, die er allenfalls verloren, denkt er überhaupt nicht. Und so ist er ganz der
verblendete Amphitryon — der Gatte und der Feldherr —, der sich völlig der glühen
den Rache verschreibt und jenen Verräter, seinen Doppelgänger, der ironischerweise
der wahre Amphitryon ist, morden will.

Noch immer verharrt er damit in Wahn und Irrtum und verfehlt sein wahres
Wesen. Sein Leidensweg kann daher nicht zu Ende sein, und weitere Demütigungen
werden ihm nicht erspart bleiben.

In der vierten Szene nimmt die Verwirrung noch mehr zu, wie unvermutet
Sosias mit strahlender Dienstfertigkeit vor seinem Herrn erscheint. Jetzt ist es
um Amphitryons Selbstbeherrschung geschehen. Wutentbrannt will er sich mit
gezücktem Degen auf seinen Diener stürzen, um für dessen schamlose Reden Rache
zu nehmen. Er soll erfahren, wer er, Amphitryon, ist.

Auch diese Rachbegierde wirft ein ironisches Licht auf unseren Helden und seine verfehlte Identität. Sosias soll das Amphitryon-Sein seines Herrn kennen lernen, das sich immer noch gänzlich in Aeusserlichkeiten erschöpft. Er ist der Feldherr in der gefallenen Welt des Krieges, der sich in frevelhafter Weise anmasst, frei über den Menschen verfügen zu können.

Nach dem erheiternden Zwischenspiel, in dem der feig-freche Sosias angstvoll um seine Portion Leben marktet, verdunkelt sich für Amphitryon die Welt erneut in rätselhafter und bedrohlicher Weise. Auf die Versicherungen der andern Feldherrn muss er seinem Diener wohl Glauben schenken, dass dieser die vergangenen Stunden im Lager zugebracht habe. Somit muss es noch einen andern Sosias geben: den Sosias vom Stocke, den Sosias der unverschämten Reden. Vernichtender jedoch ist für ihn der Umstand, dass ausserdem ein zweiter Amphitryon zu existieren scheint: jener, der den Diener geheissen hat, die Feldherrn zu Tische zu laden, jener, der sich eben jetzt als der wahre Amphitryon bei seiner Gattin in der Burg breit macht.

Verzweifelt wendet er sich an seine Freunde — Freunde, die ihn im nächsten Augenblick im Stiche lassen werden. Diese bestärken ihn in seiner Absicht, mit Gewalt "des Rätsels ganzes Trugnetz zu zerreissen". Wiederum ist es der Mensch in der Rüstung, durch die das Gefühl keinen Weg zum andern finden kann, der zu einer solchen Lösung greift. In dieser gedeuteten, festgelegten Welt des Krieges haben Rätsel und Wunder keinen Platz; was fürs Begreifen nicht gemacht ist, wird allenfalls mit dem Schwert zerschlagen.

Zugleich spricht aus Amphitryons Worten ein unstillbares Verlangen, die Wahrheit zu ergründen. Dieser Drang nach Erkenntnis ist für Kleist Fluch und Segen des Mannes. Wir dürfen dies keineswegs ausschliesslich negativ werten; denken wir nur an die Bedeutung von Verstand und Bewusstsein im Aufsatz "Ueber das Marionettentheater", an den Menschen, der "wieder von dem Baume der Erkenntnis essen muss". Und ebenso werden wir in unserem Stück sehen, wie am Schluss dem Verstand eine zentrale Bedeutung zukommt.

Amphitryon muss das Dunkel aufklären, er muss sich — wie die häufig verwendete Metapher sagt — "Licht verschaffen". Schon in der "Familie Schroffenstein" verlangt Sylvester mit der gleichen letzten Entschlossenheit zur Erkenntnis zu gelangen:

> Ich muss mir Licht verschaffen,
> Und sollt ichs mir auch aus der Hölle holen.
> (655f.)

Sogar Sosias spricht die gleichen Worte, wie er das Geheimnis um seinen Doppelgänger klären will:

> Gut, diese Frage wird mir Licht verschaffen.
>
> (352)

Er jedoch hält sein Erkenntnisstreben nicht bis zur letzten vernichtenden Konsequenz durch. Sobald ihm daraus Prügel erwachsen könnten oder sein Mahl von
Wurst und Kohl in Gefahr ist, lässt er Wahrheit Wahrheit sein und kümmert sich
vorab um Bauch und Rücken.

> Zuletzt ists doch so lang wie breit,
> Wenn mans nur mit dem Licht nicht untersucht.
>
> (1020f.)

Bei des Feldherrn Worten dagegen tritt das Komische der Burleske völlig in den
Hintergrund. Amphitryon leidet. Eine dunkle Ahnung bemächtigt sich seiner, dass
mit dem nächsten Schritt seine Welt noch völlig zusammenbrechen könnte.

> Mein Glück will ich, mein Lebensglück, versuchen.
> O! hier im Busen brennts, mich aufzuklären,
> Und ach! ich fürcht es, wie den Tod.
>
> (1834ff.)

Völlig gegensätzlich verhält sich Alkmene. Sie möchte am liebsten überhaupt
nichts wissen und stets nur in ihrer gesicherten Welt des Gefühls verharren. Noch
vor der letzten Offenbarung wehrt sie entsetzt des Olympiers Aufklärung ab.

> Lass ewig in dem Irrtum mich, soll mir
> Dein Licht die Seele ewig nicht umnachten.
>
> (2305f.)

Jupiter aber zwingt sie zur Sprache und wird sie zum Erkennen zwingen, um sein
Geschöpf zu jenem letzten Wissen um das Wesen des wahren Amphitryon zu führen.

Die fünfte Szene bringt eine letzte Steigerung der Bedrängnis: Amphitryon
tritt sein göttlicher Doppelgänger entgegen. Ent-setzt und ent-geistert begegnet
er dem Unfassbaren.

> Wer bist du? Ihr allmächtgen Götter!
>
> (1839)

Das Teufelsrätsel ist damit, scheinbar, gelöst. Wohl ist mit dem Erscheinen
Jupiters die Ursache (causa efficiens) für alle Verwirrung und die Unverständlichkeiten im Verhalten der Gattin und des Dieners gefunden, aber ein Sinn (causa
finalis) für das Ganze ist damit noch nicht zu erkennen; der Verstand hat zwar die

Wirkursache der Kausalkette entdeckt, aber die Vernunft vermag noch immer keinen Zweck anzugeben (eine Idee als regulatives Prinzip des Erkennens), um das Rätsel zu erklären.

Schon die entsprechende Szene (I/2) der Begegnung von Sosias und Merkur macht diese Differenz von Verstand und Vernunft für das Erkennen offenbar.

> Sosias   Ich sehe jetzt, mein Seel, wie sichs verhält,
>   Wenn ichs auch gleich noch völlig nicht begreife.
>   (382f.)

Dahinter steht wieder Kleists zerstörerisches Erlebnis mit der Kantischen Philosophie.

Gerade von der Erkenntnisproblematik her, wie sie sich hier zeigt und wie sie bereits im Laufe dieser Arbeit ersichtlich wurde, scheint mir der sogenannten Kantkrise eher die Lektüre der "Kritik der Urteilskraft" zu Grunde zu liegen.[1]

Erschütternd war für Kleist ja nicht, dass Raum und Zeit nach Kant Formen der reinen Anschauung sind, sondern die Konsequenz, die daraus folgt, wie sie eben die dritte "Kritik" ausführt: Auch bei der "objektiven Zweckmässigkeit" ist es dem Menschen unmöglich zu entscheiden, ob die Natur tatsächlich nach Zwecken eingerichtet ist; stets haftet seinem Urteil ein relativierendes "als ob" an. Die Zweckmässigkeit bleibt somit lediglich ein heuristisches Prinzip. Damit wurde — und zwar nicht aus einem Missverständnis von Kant — Kleists religiöses Streben nach Wahrheit und Bildung vernichtet. Dem Menschen war es nicht mehr möglich, in seinem Erkennen die wirkliche "objektive Zweckmässigkeit" der Natur, den göttlichen Plan und die Sinngebung der Schöpfung zu erfassen oder zu entscheiden, ob es überhaupt eine solche gebe; die Teleologie war immer nur vom Menschen gegeben. Von da her müssen wir auch Kleists Ekel an den Wissenschaften in den Jahren nach der Krise verstehen. Damit war ihm künftig versagt, auf dem Weg von Bildung und dem Studium der Wissenschaften auf Erden den göttlichen Sinn zu erkennen, im Geiste nachzuvollziehen und so nach der eigenen Vollkommenheit zu streben.

Ebenso bleibt es für die Kleistischen Gestalten eine Unmöglichkeit, diesen objektiven, göttlichen Sinn zu erkennen, und sie verstricken sich, wie hier Amphitryon, in Wahn und Irrtum durch die eigene subjektive Sinngebung ihrer beschränkten Welt.

---

1 Zu diesem Schluss kommt auch die Untersuchung von Ludwig Muth: Kleist und Kant, Versuch einer neuen Interpretation, Kantstudien, Ergänzungshefte, Nr. 68, Köln 1954.

Das ganze Ausmass seines Unglücks wird Amphitryon erst bewusst, wie einer der Feldherrn die entscheidende Frage stellt:

> Wer von euch beiden ist Amphitryon?
> (1843)

Nun ist er auf die letzte grausame Weise ausser sich gesetzt; selbst seinen Namen und seine Gestalt nimmt der Doppelgänger in Anspruch. Doch die verzweifelte tragische Situation wird sogleich entschärft, wie sich Sosias eiligst auf die Seite des nichtprügelnden Amphitryon stellt. Der Feldherr ist jedoch nicht bereit, auf sich selbst Verzicht zu leisten; noch weiss er, wer er ist. Er greift entschlossen zum Schwert, um so das Rätsel vollends zu lösen und jenen Verräter aus der Welt zu schaffen.

In seine Verstandeswelt, wo alles durch das Gesetz der Kausalität seinen festen und bestimmbaren Platz hat, bricht das Unerklärliche ein und bedroht und gefährdet diese scheinbar so gesicherte Ordnung. Für den un-wesentlichen Amphitryon können Rätsel und Wunder nur gelöst werden, indem sie vernichtet und aus seiner Welt entfernt werden.

Aber die Feldherren treten seinem blutrünstigen Vorhaben entgegen. Wie Hohn klingen ihre rationalistischen Schulmeistereien, sein Urteil sei in dieser Angelegenheit befangen. Gewiss, Amphitryon hat dieses unleugbare Vor-urteil, dass er Amphitryon ist; davon abzusehen, wäre selbst für ihn zuviel verlangt. Wenn auch die Feldherren in ihrer Frage nach dem wahren Amphitryon unbewusst die Wahrheit sagen: "Ihr seid es, gut; doch jener ist es auch." (1877), so spricht aus ihrer anschliessenden Forderung, dieses Amphitryon-Sein zu beweisen, doch wieder jene beschränkte Verstandeswelt, die glaubt, den Menschen gesetzmässig festlegen zu können.

Erster Feldherr	Lasst uns in Ruh die Sache untersuchen,
	Und fühlt Ihr wirklich Euch Amphitryon,
	Wie wir in diesem sonderbaren Falle
	Zwar hoffen, aber auch bezweifeln müssen,
	So wird es schwerer Euch, als ihm, nicht werden,
	Uns diesen Umstand gültig zu beweisen.
Amphitryon	Ich euch den Umstand? –
Erster F.	Und mit triftgen Gründen.
	(1886-92)

Damit wird für Amphitryon auf einmal in Frage gestellt, was er bis anhin fraglos zu besitzen wähnte. Er soll Rechenschaft darüber ablegen, worauf sein Ich-Sein eigentlich gründet; Amphitryon muss beweisen, dass er Amphitryon ist!

Wie seine Gattin lebt auch er in Bezügen. Wenn Alkmene aber aus ihrer Liebe, aus der Du-Gewissheit, unmittelbar die Gewissheit für das Ich erwächst, so existiert Amphitryon dagegen lediglich auf Aeusserlichkeiten bezogen. Er ist der Feldherr der Thebaner, der Herr seines Dieners, der Gatte seiner Gattin, ein Amphitryon seiner Ehre, nicht aber der liebende Amphitryon, der sein Ich in dieser Liebe geborgen und unverlierbar gesichert weiss.

Einmal mehr steht damit das Identitätsproblem im Mittelpunkt. Untrennbar mit dieser Frage nach der Wesenseinheit sind die Schuldfrage und weiter das Problem von Erkennen und Irrtum verknüpft. Es ist dies die Trias, die allen Stücken als das eigentliche Thema zu Grunde liegt.

So weisen die folgenden Worte Jupiters ohne Zweifel auf eine Schuld Amphitryons, für die er nun gehörig gedemütigt werden soll. Wiederum nimmt die Sprache vorweg, was die betroffene Gestalt in einer späteren Szene wirklich leisten wird.[1]

> Er selber dort soll meines Hauses Adel,
> Und dass ich Herr in Theben, anerkennen.
> Vor mir in Staub, das Antlitz soll er senken.
> Mein soll er Thebens reiche Felder alle,
> Mein alle Herden, die die Triften decken,
> Mein auch dies Haus, mein die Gebieterin,
> Die still in seinen Räumen waltet, nennen.
> (1903-09)

Amphitryon setzte sich in selbstherrlicher Weise absolut — auch wenn er in jedem zweiten Satz die Götter anrief. Für ihn waren es die fernen Götter des Olymps, denen er nichts zu schulden glaubte und die er höchstens für seine rhetorischen Floskeln bemühte. Alles betrachtete er als seinen Besitz und als verfügbar.

Mit Jupiters Erscheinen wird er einer Rolle nach der andern entsetzt. Amphitryon besitzt seine Identität nicht. Und da alle seine Bezüge nicht in seinem wahren Wesen gründen und ihn lediglich mit der diskursiven Welt verbinden, so können diese ihm auch ohne weiteres geraubt werden.

Bei diesem Verharren in Verblendung und Hybris bleibt unserem Feldherrn auch die Erkenntnis der Wahrheit versagt. Er verkennt das Wesen der Erscheinung seines Doppelgängers und den Zusammenhang mit einer Schuld von seiner Seite.

> Ihr ewgen und gerechten Götter!
> Kann auch so tief ein Mensch erniedrigt werden?

---

1 Wir kennen dieses Vorwegnehmen in der Sprache und die spätere Realisation in der Wirklichkeit von Alkmene her: so etwa die Trennung von Geliebtem und Gemahl.

Von dem verruchtesten Betrüger mir
Weib, Ehre, Herrschaft, Namen stehlen lassen!
Und Freunde binden mir die Hände?
(1921-25)

Und dennoch spricht aus dieser Klage des nackten, verzweifelten Menschen zugleich in unheimlicher Ironie die Skepsis Kleists jenem grausamen, unverständlichen Schicksal-Gott gegenüber.

Doch Jupiters Lektion soll Amphitryon ja nicht völlig zerstören. So weisen des Gottes Worte bereits auf eine mögliche Lösung des Konflikts.

Es soll der ganze Weltenkreis erfahren,
Dass keine Schmach Amphitryon getroffen.
Und den Verdacht, den jener Tor erregt,
Hier steht, wer ihn zu Schanden machen kann.
(1910-13)

Vorher hat der Feldherr jedoch zu lernen, was das Menschsein überhaupt ausmacht; um Amphitryon zu sein, muss er vorerst wahrhaft Amphitryon werden.

Noch immer wähnt er, er könne mit Gewalt sein Amphitryontum verteidigen, mit dem Schwert seinen Doppelgänger aus der Welt schaffen, um die erduldete Schmach zu rächen. Aber gerade von seinen angeblichen Freunden bekommt er zu hören, dass er ein Niemand sei:

Ihr müsst, wer Ihr auch seid, Euch noch gedulden.
(1926)

Abermals verkennt er seine Lage, wenn er meint, noch andere "Freunde" zu finden, die ihn im Kampf gegen seinen Nebenbuhler — den wahren Amphitryon — ohne zu wanken unterstützen würden; denn wo nur Sinne und Verstand urteilen, wo der Bezug nur im Aeusseren gründet, da kann dieser auch durch Aeusseres erschüttert werden.

Die zerstörerische Tragik, die Amphitryons Leidensweg überschattet, wird stets wieder, knapp bevor der straff gespannte Bogen zerspringt, etwas gemildert. Einmal tragen dazu die Ironie und der Doppelsinn der Sprache selbst bei. Es fällt auf, wie Kleists Gestalten ständig die Götter anrufen, um sich mit ihrer Hilfe vor dem Ungemach zu schützen, das gerade diese verursacht haben. Weiter bleibt es häufig den Gestalten aus der Welt der Diskursivität vorbehalten — ihnen selbst unbewusst —, die Wahrheit zu sagen. Besonders aber der antithetische Bau, die Gegenüberstellung einer komischen und einer tragischen Sphäre, schliesst eine gänzlich tragische Lösung schon zum vornherein aus. Immer wieder wendet die befreiende Komik die drohende Katastrophe ab.

Während der Zuschauer mit angehaltenem Atem verfolgt, wie Amphitryon von seinem göttlichen Doppelgänger mehr und mehr zerbrochen wird, und nächstens die vernichtende Lösung erwartet, tritt plötzlich unser pfiffig feiger Sosias auf den Plan und bricht mit seiner ergötzlichen leib-haften Erkenntnis den Bann:

> Mein Seel, ich wusst es wohl. — Dies Wort, ihr Herrn,
> Streut allen weitern Zweifel in die Lüfte.
> Der ist der wirkliche Amphitryon,
> Bei dem zu Mittag jetzt gegessen wird.
> (1917-20)

Aber nicht nur für den einzelnen Auftritt, auch für das Stück im ganzen ist dieser antithetische Bau charakteristisch. Dieser reicht sogar bis zur Struktur der Szenenfolge. So nehmen die folgenden drei Szenen (III/7-9) das Thema der Begegnung mit dem Doppelgänger, wie dies eben der Feldherr erlebt hat (III/4-6), nochmals auf. Wenn bei Amphitryon der Kampf um sein Ich in der tragischen Sphäre spielt und beinahe bis zur Katastrophe führt, so parodiert das Geplänkel von Sosias und Merkur in befreiender Komik die tragische Lösung. Dort wird der Feldherr auf grausamste Weise gedemütigt; hier vernehmen wir mit einem Schmunzeln, wie Sosias von seinem Doppelgänger um sein Essen geprellt wird.

> Sosias   Ich Verlassner von den Göttern!
>   Wurst also hat die Charis —?
> Merkur   Frische, ja.
>   Doch nicht für dich. Man hat ein Schwein geschlachtet.
>   Und Charis hab ich wieder gut gemacht.
> Sos.   Gut, gut. Ich lege mich ins Grab. Und Kohl?
>   (2032-36)

Wenn Amphitryon auf Grund der verschiedenen äusserlichen Bezüge wähnt, seiner selbst gewiss zu sein, so sind für den Diener Wurst und Kohl das Kriterium seiner Sosias-Existenz.

Noch mehr erheitert uns, wie unser "Held" in seiner Wut — mangels eines Besseren — zur Erkenntnis seiner Schuld gelangt und den alten ehrlichen Sosias zum treuen, entsagenden Diener emporläutert:

> Geh! dir geschieht ganz recht, Abtrünniger.
> Und hätt ich Würst in jeder Hand hier eine,
> Ich wollte sie in meinen Mund nicht stecken.
> So seinen armen, wackern Herrn verlassen,
> Den Uebermacht aus seinem Hause stiess.
> (2072-76)

Eine weitere kontrapunktische Entsprechung wird sichtbar, wenn wir diese Szenen (III/7-9) den ersten drei dieses Aktes gegenüberstellen. Einmal begegnet der Herr, das andere Mal der Diener dem erbarmungslosen Götterboten. Auch der Aufbau ist analog. Der Eingangsmonolog macht bei beiden das Verfehlen der eigenen Identität offenbar. Die mittlere Szene bringt die Begegnung mit Merkur und seinen hohnvollen Beweis, dass ihr Menschsein leer und nichtig sei. Und im folgenden Monolog schliesslich bringt jeder der beiden Leidensgefährten sich sein Unglück zum Bewusstsein, um darauf einen Entschluss zu weiterem Handeln zu fassen.

Und schliesslich steht dieses komische Zwischenspiel auch in Analogie zu den drei Szenen der Exposition im ersten Akt. Schon dort trifft Sosias auf seinen olympischen Doppelgänger und muss sich belehren lassen, er sei gar nicht Sosias. Allerdings bedrückt ihn dieser theoretische Beweis, solange damit nicht Prügel verbunden sind, nicht allzu sehr, sodass er hier wieder "in seine alten Tücken" fällt und als Sosias Einlass begehrt. Zwar zerbleut diesmal nicht ein olympischer Stock seinen Rücken für seine Unverschämtheiten, sondern Merkur vertreibt das hungrige Maul zur Strafe für seine verfehlte Identität vom gedeckten Tisch. [1]

Der 10. Auftritt steht mehr oder weniger für sich, ausserhalb der eben aufgezeigten Bezugsstruktur. Er hat die Funktion einer Ueberleitung und gibt die Exposition der Schlussszene. Zugleich bezweckt er eine gewisse Retardation auf Amphitryons Weg zum völligen Zusammenbruch. Hier erhält der Feldherr die scheinbar unverbrüchliche Garantie für sein Amphitryon-Sein.

Es ist bezeichnend für unseren Helden, dass er, wie ihm das Wasser am Halse steht, die Leute, die ihm sonst Untertanen sind, jetzt als seine Freunde begrüsst. Wir kennen diesen Gesinnungswechsel schon aus dem Gespräch mit dem Diener, wie dieser mit der Veränderung der Situation sogleich vom "Halunken"

---

1 Selbst bei Sosias dürfen wir von einem Verfehlen der Identität sprechen. Darauf deuten auch die folgenden Verse, wo er als ein Schein-Sosias auftreten will.
Wie ich mich jetzt auf den Stuhl will setzen!
Und wie ich tapfer,
Wenn man vom Kriege spricht, erzählen will.
Ich brenne, zu berichten, wie man bei
Pharissa eingehauen; und mein Lebtag
Hatt ich noch so wolfmässgen Hunger nicht.
(1960-65)

und "nichtswürdigen Hund" zum persönlichen Freund des Feldherrn aufrückt.[1]

Von diesen Thebanern will er sich seine Existenz bestätigen lassen, und so stellt er ihnen die typische Frage des Mannes: "Wer bin ich?" – Auch Jupiter wird sie stellen. Amphitryon glaubt noch immer, sein Ich-Sein gründe allein im Aeusserlichen und sei somit auch ausschliesslich vermittels der Sinne erfass- und beweisbar. Er wähnt, des Volkes Bestätigung, die auf der Erkenntnis der Sinne beruht, bleibe ihm auch noch erhalten, wenn eben diese Sinne verwirrt werden und ein Entscheid unmöglich wird. Ja, er greift sogar zu einem letzten, lächerlichen Mittel – abermals ein Zeichen aus der Welt des Scheins –, um sich beim Entscheid zwischen ihm und dem "lügnerischen Höllengeist" als den wirklichen Amphitryon auszuweisen: Er knickt die Feder seines Helmes ein.

Damit soll nicht nur die Verstandesgläubigkeit karikiert werden. Die Verse weisen noch weiter: Es ist Amphitryon selbst, der sein Amphitryon-Sein zerstört. Wie er hier selbst das Symbol von Kraft und Leben zerbricht, so trägt letztlich auch er die Schuld an seinem Ausser-sich-Sein und dass ihm überhaupt ein Doppelgänger werden kann.

Gegen solche Zweifel an der Gefolgschaftstreue erhebt Argatiphontidas lautstark Einspruch. Er ist der grossmäulige Eisenfresser, der, wie einst Amphitryon, ein Rätsel, das ausserhalb der Verstandeswelt liegt, mit Waffengewalt lösen will. – Und dennoch wird er es sein, der später ein Urteil der Sinne als unmöglich erkennt und die Liebe zum Entschied aufruft.[2]

Auch in diesem Auftritt kommt die komische Variante zu ihrem Recht. Der entsosiatisierte Diener kehrt zurück und legt sich in seiner drolligen, beinahe überzeugenden Zerknirschung Amphitryon zu Füssen.

> Hier leg ich mich zu Euren Füssen,
> Mein echter, edler und verfolgter Herr.
> Gekommen bin ich völlig zur Erkenntnis,
> Und warte jetzt auf meines Frevels Lohn.
> Schlagt, ohrfeigt, prügelt, stosst mich, tretet mich,
> Gebt mir den Tod, mein Seel ich muckse nicht.
> (2148-53)

---

1 Vgl. Vers 858f.:
  O Himmel! Welch ein Schlag trifft mich! Sosias!
  Mein Freund!
2 Vgl. dazu die Verse 2190ff.:
  Was hilft der eingeknickte Federbusch?
  – "Reisst eure Augen auf, wie Maulwürfe!"
  Der ists, den seine eigne Frau erkennt.

Seine Treue ist wie die Freundschaft des Feldherrn eine Funktion der schlechten
Umstände:

> Vom aufgetragnen Essen
> Nicht den Geruch auch hat man mir gegönnt.
> (2154f.)

Mit diesem "unzweifelhaften Erkennen" des wirklichen Amphitryon auf Grund
einer verpassten Mahlzeit wird die Verstandesgläubigkeit vollends lächerlich gemacht. Doch alle etwa noch vorhandenen tragischen Anklänge übertönt das Lachen,
wie Sosias in seiner kauzigen und ergötzlichen Art zum Sturmangriff aufruft:

> Auf! Stürmt das Haus jetzt, wenn ihr wollt so gut sein,
> So finden wir den Kohl noch warm.
> (2164f.)

Noch ist Amphitryons Leidensweg nicht zu Ende, noch stehen ihm weitere Demütigungen bevor. Ein zweites Mal wird er seinem eigenen Doppelgänger begegnen und dabei, zutiefst erniedrigt, erleben müssen, wie seine Gattin sich für den andern Amphitryon entscheidet. Zwar steht in dieser Schlussszene unser Feldherr nicht mehr allein im Mittelpunkt. Zum ersten Mal begegnen sich die drei Hauptgestalten. Hier führen ihre Wege allmählich zusammen, um sich dann in der Epiphanie, auf die hin das ganze Stück konzipiert ist, zu treffen.

Verfolgen wir zunächst das Schicksal des bedrängten Feldherrn weiter. Vom Volk und den Obersten als Amphitryon bestätigt, wähnt er mit ihrer Unterstützung seinem Nebenbuhler endgültig den Garaus zu machen. Aber entsetzt muss er mitansehen, wie seine Gattin vertraut am Arme des Doppelgängers den Platz betritt.

Doch bereits hier lassen sich die ersten Zeichen von Amphitryons Wandlung erkennen. Sein erster Gedanke gilt nicht mehr der verletzten Ehre, sondern der scheinbar getäuschten und betrogenen Gattin:

> Herr, meines Lebens! Die Unglückliche!
> (2173)

Erst danach wird er sich wieder seiner Rolle als Feldherr Thebens bewusst:

> Blitz, Höll und Teufel! Solch ein Auftritt mir?
> (2179)

Noch immer hat er sein Wesen verfehlt und verharrt er in Irrtum und Verblendung. Deshalb vermag er in seinem Ebenbild auch nur den "Mordhund" zu erkennen — was doch viel eher auf ihn selbst zutrifft: er, der jedes Rätsel mit dem Schwert zerschlagen und auch jetzt wieder mit gezücktem Degen seinem Widersacher auf den Leib rücken will. Sein Amphitryon-Sein, das er mit der eingeknickten Helmfeder unzweifelhaft gesichert glaubte, ist erneut erschüttert. Die Thebaner und die Obersten, die ihn eben noch unwandelbarer Treue versichert haben, verharren unentschieden zwischen den beiden Amphitryonen. (Auch hier fällt wieder die Ironie der Sprache auf, wie beim Erscheinen der Götter diese unwissentlich angerufen werden: "Ihr ewgen Götter!" — "All ihr Olympischen!")

Wie nun die Feldherren auf Jupiters Seite ihn gar als den Verräter, den es zu ergreifen gilt, ansprechen und selbst der grossmäulige Argatiphontidas fassungs-

und bewegungslos vor dem Rätsel steht, da ist es endgültig um Amphitryon geschehen. Vernichtet und gebrochen fällt er mit einem verzweifelten Aufschrei Sosias ohnmächtig in die Arme:

> Tod! Teufel! Wut und keine Rache!
> Vernichtung!
>   (2186f.)

Selbst des Dieners leicht komischer Kommentar: "Mein Seel! Er wird schlecht hören. Er ist tot." (2189) hat durchaus seinen Sinn. Dieser Amphitryon ist wirklich tot; der Feldherr aus der Welt des Krieges ist vernichtet.

Erinnern wir uns an die Funktion der Ohnmacht in Kleists Dichtung. Stets zeigt sie eine Zäsur im dramatischen Geschehen an.[1] Auch hier ist sie gleichsam "metaphysisches Zeichen" für den Umschlag. Allerdings ist damit erst die Voraussetzung dafür gegeben, dass nun durch die persönliche existentielle Leistung dieser Umschlag möglich wird. Somit ist Amphitryons Leidensweg noch immer nicht zu Ende; aber vom Weg zu seinem "Urquell" kehrt sein Geist wahr und gestärkt zurück.

Wie nun Argatiphontidas erkennt, dass das Urteil von Sinnen und Verstand hier versagt, und er zum Schluss kommt: "Der ists, den seine eigne Frau erkennt." (2192), da erwacht Amphitryon aus der Ohnmacht zu neuem Leben. Und wie er von seinem "Freund" hören muss — der eben noch lautstark beschworen hat, diesem Doppelgänger "ohne Federlesens den Degen querhin durch den Leib zu jagen" —, dass jener am Arme Alkmenes der richtige Amphitryon sei, da erhebt er sich wieder, ersteht als der wahre Amphitryon und widerspricht in gläubigem Vertrauen:

> Sie anerkennt ihn nicht!
>   (2200)

---

1 So etwa Sylvester, wie er aus der Ohnmacht erwacht:
   Mir ist so wohl, wie bei dem Eintritt in
   Ein andres Leben.
   (Familie Schroffenstein, V. 864f.)
                          Was mich freut,
   Ist, dass der Geist doch mehr ist, als ich glaubte,
   Denn flieht er gleich auf einen Augenblick,
   An seinen Urquell geht er nur, zu Gott,
   Und mit Heroenkraft kehrt er zurück.
                          (896-900)
   Oder denken wir an die Ohnmacht der Marquise von O..., wie ihr die Hebamme ihre Schwangerschaft eröffnet (Ges.Ausg. II, S. 124), an diejenige Friedrichs von Trota in der Kerkerszene im "Zweikampf" (Ges.Ausg. II, S. 251) oder an die Ohnmacht Käthchens in der Schlussszene (Ges.Ausg. I, V. 2678), nach der ihre Liebe wirklich werden kann.

(Beachten wir, dass den Bühnenanweisungen wiederum sinntragende Funktion zukommt; an ihnen lässt sich der Zusammenbruch und gleichsam die Wiedergeburt von Amphitryon verfolgen.) Amphitryon glaubt an Alkmenes Liebe; seine verletzte Ehre ist vergessen. In diesem Vertrauen schiebt er alle Einwände beiseite:

> Sie anerkennt ihn nicht, ich wiederhols!
> Wenn sie als Gatten ihn erkennen kann,
> So frag ich nichts danach mehr, wer ich <u>bin</u>:
> So will ich ihn Amphitryon begrüssen.
> (2203-06)

Nun begreift Amphitryon, was wahres Menschsein überhaupt erst ermöglicht, nun erkennt er in der Liebe jenen Grund, der allein ihm sein Amphitryon-Sein versichern kann. Er ist nicht mehr der Gatte, der sich vermisst, von der "Forderung der Liebe" zu sprechen; es herrscht nicht mehr die Welt von Pflicht und Gesetz. Jetzt tritt er als Liebender vor Alkmene, der um ihre Neigung wirbt. Amphitryon ist Bittender, nicht mehr Fordender.

> Alkmene! Meine Braut! Erkläre dich:
> Schenk mir noch einmal deiner Augen Licht!
> Sag, dass du jenen anerkennst, als Gatten,
> Und so urschnell, als der Gedanke zuckt,
> Befreit dies Schwert von meinem Anblick dich.
> (2208-12)

Wir kennen diese Wandlung auch bei andern Gestalten Kleists. Ebenso spricht Achill von Penthesilea als seiner Braut (V. 2664), wie er sie nicht mehr als einen im Krieg erworbenen Besitz betrachtet, jener Achill, der die Rüstung nur zum Scheine trug und ihr in Liebe begegnen wollte. Aehnlich beginnt in der "Marquise von O..." erst nach der Hochzeit, der Verbindung in der Welt des Gesetzes, die Brautzeit, während der der Graf F. um die Liebe seiner Gattin werben muss. [1]

Nun ist Amphitryon bereit, das Schwert, mit dem er bis anhin jedes Rätsel zerschlagen wollte, gegen sich selbst, den eigentlichen Grund all der Verrätselung, zu richten. Er ist zur Erkenntnis gelangt, dass ein Ich-Sein nur im liebenden Bezug zu einem Du möglich ist; anerkennt ihn Alkmene nicht als ihren Gatten, so ist für ihn — wie früher für Alkmene — eine Existenz nicht mehr möglich.

Mit den tiefen Worten wendet sich ein neuer, uns unbekannter Amphitryon an Alkmene:

> Dir wäre dieser Busen unbekannt,

---

1 Ges. Ausg. II, S. 142f.

Von dem so oft dein Ohr dir lauschend sagte,
Wie viele Schläge liebend er dir klopft?
Du solltest diese Töne nicht erkennen,
Die du so oft, noch eh sie laut geworden,
Mit Blicken schon mir von der Lippe stahlst?
(2215-20)

Nicht mehr von kaltem Verstand und diskursiver Sprache ist die Rede; der Geliebte spricht vom unergründlichen Busen, der allein dem Du bekannt ist, vom Klang der Sprache, welcher jenseits der Begriffe das Unsägliche mitzuteilen vermag.

Schon glaubt sich Amphitryon als Gatte anerkannt. Entsetzt und verzweifelt steht Alkmene vor den zwei Erscheinungen des geliebten Menschen, der für sie stets nur der eine war und immer nur der eine sein kann: Amphitryon. Auf der Feldherren Drängen und zuletzt auf Jupiters Forderung entscheidet sie sich, nach einer grauenvollen Pause des Zögerns, — für Jupiter-Amphitryon.

Dies ist der letzte, vernichtende Schlag für Amphitryon; seine Existenz ist zerstört und unmöglich geworden (vgl. V. 2204f.: "Wenn sie als Gatten ihn erkennen kann, / so frag ich nichts danach mehr, wer ich bin."). Die Sprache droht ihm zu versagen. Mit einem verzweifelten "Alkmene!" und "Geliebte!" versucht er die neu entdeckte und soeben wieder verlorene Liebe zurückzugewinnen; sie allein vermöchte, wie er jetzt erkennt, seinem Amphitryon-Sein überhaupt einen Sinn zu geben. Nun ist er auf die letzte grausame Weise ausser sich gesetzt. Alles, was er als Feldherr einst als festen, verfügbaren Besitz betrachtete, ist ihm genommen. Von den Olympiern aus der eigenen Burg ausgeschlossen, vom Diener um Wurst und Kohl verraten, von Jupiter aus seinem Amphitryontum vertrieben, von seiner eignen Gattin geschmäht und verlassen, von den Feldherren des Platzes verwiesen, mit der Drohung, ihn seines Lebens zu berauben, so steht Amphitryon völlig arm, nackt und verlassen, ein Niemand in der letzten Erniedrigung und Demütigung vor dem Volke Thebens.

Den Schmähungen seiner Gattin muss er entnehmen, dass sie in ihm den nächtlichen Frevler sieht. Doch wie ihm Jupiter darauf die triumphierende Frage stellt: "Glaubst du nunmehr, dass ich Amphitryon?" (2274), da verweigert er dem Gott dieses letzte Zugeständnis:

Du Mensch, — entsetzlicher,
Als mir der Atem reicht, es auszusprechen!
(2276f.)

Er ist nicht bereit, wie sein Diener durch Gründe und eine Tracht Prügel überzeugt, sein Ich aufzugeben. Was Kleist selbst einmal an Ulrike schrieb: "Wenn ich in

Deinen Augen nichts mehr wert bin, so bin ich wirklich nichts mehr wert!"[1], das erkennt hier auch unser Feldherr. Zwar weiss er, dass er Amphitryon ist; doch es ist ein völlig leeres Amphitryon-Sein, ohne Sinn und Inhalt. Nach dieser qualvollen Lehre hat er erkannt, dass das Menschsein allein im liebenden Bezug, im Du seinen unzerstörbaren Grund hat. Erst im Verzicht auf jeden Anspruch auf Besitz kann in der Liebe, in der sich das Du verschenkt, dem Menschen wahrhaft ein Eigentum werden.

Wie nun Amphitryon all sein scheinbar so sicherer Besitz genommen ist, wie er völlig arm und verlassen dasteht, wird er frei zu sich selbst. Jetzt, wie alles zusammenstürzt, findet er im neu gegründeten Glauben an das Du sein wahres Ich wieder.

> O ihrer Worte jedes ist wahrhaftig,
> Zehnfach geläutert Gold ist nicht so wahr.
> Läs ich, mit Blitzen in die Nacht, Geschriebnes,
> Und riefe Stimme mir des Donners zu,
> Nicht dem Orakel würd ich so vertraun,
> Als was ihr unverfälschter Mund gesagt.
> Jetzt einen Eid selbst auf den Altar schwör ich,
> Und sterbe siebenfachen Todes gleich,
> Des unerschütterlich erfassten Glaubens,
> Dass er Amphitryon ihr ist.
> (2281-90)

Mit diesem ergreifenden Credo aus dem neugefassten, unerschütterlichen Vertrauen ist Amphitryon seinen Weg bis zum Ende gegangen. Indem er den Glauben an Alkmenes Liebe höher stellte als die Möglichkeit seiner weiteren Existenz, wird er der Gnade würdig. Und im selben Augenblick gibt ihm der höchste Gott sein Amphitryon-Sein zurück. Zwar hat er nie den Nebenbuhler als Amphitryon anerkannt — dafür spricht sein ungebrochenes Ich-Bewusstsein: "Ich bins!"; wohl aber hat er aus dem Glauben an die reine und wahre Liebe seiner Gattin zugestanden, dass dieser für sie Amphitryon sei.

Dieser Akt des Vertrauens entspricht genau jener letzten existentialen Leistung Alkmenes, wie sie bereit war, dem Du mehr zu glauben als ihrem eigenen "untrüglichen" innersten Gefühl:

> Ich glaubs — dass mir — ein anderer — erschienen,
> Wenn es dein Mund mir noch versichern kann.
> (1252f.)

---

1 An Ulrike von Kleist, Berlin, den 27. Juli 1804.
  Ges. Ausg. II, S. 743.

Es ist erstaunlich, dass Amphitryons Wandlung — eine derart zentrale Stelle des Dramas — in der Literatur beinahe nie Beachtung gefunden hat. Erst von hier aus, wie Amphitryon wahrhaft zum Liebenden wird, ist eine Lösung möglich, die nicht in der Katastrophe endet. Die Tradition der Interpretationen, die sich allein auf die Verherrlichung von Alkmenes Gefühlssicherheit beschränkten, scheint jedoch derart wirksam gewesen zu sein, dass Amphitryon fast durchwegs, ohne Entwicklung, in seinem verfehlten Feldherrendasein gesehen wurde.

Doch wenden wir uns wieder dem Text zu. Amphitryon will <u>wissen</u> (ganz im Gegensatz zu Alkmene: "Ich will nichts hören, leben will ich nicht ..." (1278); "Lass ewig in dem Irrtum mich ..." (2305)); er muss die Wahrheit ergründen, auch wenn diese seine verzweifelte Hoffnungslosigkeit bestätigt:

> Und wer bist du, furchtbarer Geist?
> (2292)

Und nun muss er erfahren, dass sein Doppelgänger nicht nur Alkmene als Amphitryon <u>erschien,</u> sondern dass dieser wahrhaft Amphitryon <u>ist</u>:

> Amphitryon. Ich glaubte, dass du s wüsstest.
> (2293)

Aber auch nach dieser verhüllten pantheistischen Erklärung Jupiters vermag unser Feldherr die ganze Wahrheit noch nicht zu erkennen, und ein letztes Mal erhebt er die Forderung:

> Heraus jetzt mit der Sprache dort: Wer bist du?
> (2309)

Erst wie unter Blitz und Donnerschlag Jupiter seinerseits seine Identität wieder gewinnt, wie Adler und Donnerkeil als die göttlichen Insignien sichtbar werden, erst da wird es dem Menschen möglich, den Gott zu erkennen. Nun — wie Mensch und Gott wieder ihre Identität erlangt haben — vermag unser Held den ganzen Weg, den er zurückgelegt, zu begreifen, nun erkennt er das Wesen des rätselhaften Besuches, und als neugeborener, wahrer Amphitryon steht er als einziger dem Olympier, gleichsam von Angesicht zu Angesicht, gegenüber und anerkennt im Wissen um sein eigenes Sein Jupiter als den Herrn in Theben:

> Anbetung dir
> In Staub. Du bist der grosse Donnerer!
> Und dein ist alles, was ich habe.
> (2312ff.)

Darauf wird dem gedemütigten Feldherrn vom höchsten Gott Genugtuung zuteil,
und er wird nochmals als der neue, wahrhafte Amphitryon bestätigt.

> Zeus hat in deinem Hause sich gefallen,
> Amphitryon, und seiner göttlichen
> Zufriedenheit soll dir ein Zeichen werden.
> Lass deinen schwarzen Kummer jetzt entfliehen,
> Und öffne dem Triumph dein Herz.
> Was du, in mir, dir selbst getan, wird dir
> Bei mir, dem, was ich ewig bin, nicht schaden. [1]
> Willst du in meiner Schuld den Lohn dir finden,
> Wohlan, so grüss ich freundlich dich, und scheide.
> Es wird dein Ruhm fortan, wie meine Welt,
> In den Gestirnen seine Grenze haben.
> Bist du mit deinem Dank zufrieden nicht,
> Auch gut: Dein liebster Wunsch soll sich erfüllen,
> Und eine Zunge geb ich ihm vor mir.
>
> (2316-29)

Damit ist die Tragik in einem höheren Sinn aufgehoben. Jupiters Aufforderung,
den "schwarzen Kummer" entfliehen zu lassen, ist keineswegs, wie in psychologisierenden Deutungen des Gottes immer wieder betont wurde, eine leere Floskel
dem geprellten Ehemann gegenüber. Denn die viel zitierten, aber selten erklärten
zwei Verse: "Was du, in mir, dir selbst getan, wird dir / bei mir, dem, was ich
ewig bin, nicht schaden." weisen abermals auf die pantheistische Gottheit. Erst
das Amphitryon-Sein Jupiters, das er hier in des Feldherrn Gestalt verkörpert hat,
sonst aber immer — unter allem anderen — ebenfalls besitzt, hat es diesem ermöglicht, Alkmene zu besuchen. Und so hat sich wahrhaft niemand ihrer Seele genaht als "Amphitryon". Ineins mit dieser Offenbarung der Einheit des Menschen
mit dem Göttlichen wird Amphitryon die Zusicherung zuteil, dass das göttliche
Eingreifen — eben in der Gestalt des Feldherrn — ihm vor Jupiter nicht zum Schaden gereichen soll. [2] Eben weil ja letztlich nicht ein Fremdling, nicht einmal der
Gott, sondern der "wahre Amphitryon" von Alkmene gewählt wurde, das eidos, das

---

1 Vgl. dazu auch die folgenden Verse und deren Interpretation auf Seite 77 dieser
  Arbeit:
  Mich fester hat der Kuss, den du ihm schenktest,
  Als alle Lieb an dich, die je für mich
  Aus deinem Busen loderte, geknüpft.
  (1300ff.)
2 Vgl. schon Vers 1910f.:
  Es soll der ganze Weltenkreis erfahren,
  Dass keine Schmach Amphitryon getroffen.

die Liebe schon immer vorwegnimmt, das wesenhafte Bild, das der Feldherr in seiner Hybris verfehlt hatte und dann in der tiefsten Erniedrigung wieder zu gewinnen vermochte.

Wie Jupiter seiner "göttlichen Zufriedenheit" Ausdruck gibt — Zufriedenheit über sein vollkommenes Geschöpf, in dem er sich selbst selig preisen, sich selbst wieder finden durfte, Zufriedenheit aber auch mit dem Feldherrn, der zum wahren, wenn auch nicht göttlich vollkommenen Amphitryon wurde —, da spricht er im gleichen auch von seiner eigenen Schuld. Zwar ist der Wortsinn keineswegs eindeutig. Gerade hier zeigt sich wieder die Ambivalenz der Sprache. Unbestimmbar schwingen beide Bedeutungen ineinander: der Gott, der bei seinem Geschöpf in Schuld steht für das, was er empfangen hat,und der Gott, der am Menschen schuldig wurde.

Doch dem zum wahren Menschen gewordenen Amphitryon, der nun mit freiem Antlitz, nicht anbetend "gestürzt in Staub", vor dem Gott stehen darf, wird nun unendlicher Ruhm versprochen oder aber ein Wunsch freigestellt. Auch hier zeigt sich Amphitryons Wandlung. Er ist nicht mehr der hybride Feldherr, der sich selbst absolut setzt und Ehre und Ruhm als den alleinigen Existenzgrund wähnt; nun sind beide Welten versöhnt und vereint: Amphitryon bittet den Olympier, ihm den Wunsch seines <u>Herzens</u> zu erfüllen.

> Nein, Vater Zeus, zufrieden bin ich nicht!
> Und meines Herzens Wunsche wächst die Zunge.
> Was du dem Tyndarus getan, tust du
> Auch dem Amphitryon: Schenk einen Sohn
> Gross, wie die Tyndariden, ihm.
> (2330-34)

Mit der göttlichen Verheissung von der Geburt des Herkules, des Menschen, der einst die Stufen des Olymps ersteigen und dort als Gott empfangen wird, erfolgt die letzte, wahre Versöhnung und zugleich die dauernde Verbindung des Menschen mit Gott. Und so steht der neue Amphitryon am Ende seines langen und qualvollen Weges zu sich selbst und zur Erkenntnis vom Wesen der Liebe mit der wiedergeschenkten, oder besser: erst jetzt gewonnenen Alkmene im Arm völlig gerechtfertigt den scheidenden Göttern gegenüber.

———————

Betrachten wir den Weg, den Alkmene in dieser letzten Szene zu gehen hat. Voller Entsetzen vernimmt sie, dass ein Sterblicher vor der Burg steht, der sich anheischig macht, Amphitryon, ihr Gatte und der Feldherr Thebens zu sein und dies vor allem Volk zu behaupten sich erkühnt. Und nun soll sie sich gar schmachvoll dem Blick dieses Vermessenen zeigen. Doch Jupiter wiederholt begütigend die Worte seiner göttlichen Wahrheit:

> Die ganze Welt, Geliebte, muss erfahren,
> Dass niemand deiner Seele nahte,
> Als nur dein Gatte, als Amphitryon.
> (2170ff.)

Und Alkmene bestätigt aus der wiedergewonnenen Sicherheit ihres innersten Gefühls, aus der Sicherheit der Gegenwart ihres wiedergegebenen "Gatten", der sie eben noch mit so seltsamen Fragen gequält hat:

> Niemand! Kannst ein gefallnes Los du ändern?
> (2174)

An den Besuch des Gottes denkt sie nicht mehr. [1]

Für Alkmene bedeutet es daher die tiefste Schmach, wenn sie nun einem "anderen Sterblichen" gegenübertreten soll, der behauptet, Amphitryon zu sein, was doch stets nur der eine, der ihr gegenwärtig ist, an dessen Arm sie den Platz betritt, sein kann — und der es gleichwohl nicht ist. Und doch muss dieser Gott, den sie noch immer für ihren Gatten hält, sie zu dieser Begegnung mit den beiden Amphitryonen zwingen.

> Du bist dirs, Teuerste, du bist mirs schuldig,
> Du musst, du wirst, mein Leben, dich bezwingen;
> Komm, sammle dich, dein wartet ein Triumph!
> (2176ff.)

Denn damit sich ihr "alles zum Siege lösen" kann (1575), muss ihre "Brust wissen", "wem sie erglüht" (1579), das heisst, sie muss erkennen, was der wahre Grund ihrer Liebe ist, wie in wunderbarer Weise in Amphitryon Gott und Gatte eins und

---

1 Eine andere Deutung wäre hier ebenfalls denkbar, obwohl sie mir nicht gleichermassen überzeugend scheint. — Alkmene hat ja im letzten Akt die Behauptung, Jupiter habe sie besucht, von den Gründen ihres "Gatten" überzeugt, akzeptiert. Dann müsste sie diese Worte in einem entsetzt-fragenden Ton sprechen, und die Frage würde sinngemäss etwa so lauten: "Was! Du wagst zu behaupten, niemand sei mir genaht! Denkst du denn nicht mehr an Jupiters Besuch? Kannst denn du ein gefallnes Los ändern?" — Aber in diesem Falle müsste dem "niemand" wohl eher ein Fragezeichen folgen.

doch nicht das gleiche sind. Jetzt muss sie jene scheinbar paradoxe Unterscheidung und gleichzeitige Bestätigung der Einheit, die sie bereits in der Sprache — dem Werkzeug des Verstandes — geleistet hat (V. 1564-68), auch in der Wirklichkeit vollziehen; die Welt des Gefühls und des Verstandes sollen sich in ihrem Bewusstsein versöhnt vereinen. Dieses Erkennen ist sie Jupiter schuldig, damit im Wissen von dieser Einheit in der Liebe zum Gatten ihm, dem Gott, künftig ebenfalls diese Liebe, die er einst von seinem Geschöpf erbeten hat, zuteil wird — und nicht, "gestürzt in Staub", Anbetung eines fernen, unbekannten Gottes. Schuldig ist sie diese Erkenntnis aber auch sich selbst, damit sie erkennen kann, dass wahrhaft niemand anders ihrer Seele nahte als "Amphitryon" und der vermeintliche vernichtende Irrtum keiner war; denn nur so kann sie den Weg zu ihrem irdischen Gatten wieder finden, nicht zurück zu jenem gerüsteten Feldherrn, der in seiner Hybris von der Forderung der Liebe zu sprechen wagte, sondern zur wirklichen Begegnung mit dem wahren, Mensch gewordenen Amphitryon, den sie in ihrer Liebe schon immer in ihm gesehen und geliebt hat.

Doch bevor Alkmene diese letzte Erkenntnis zuteil wird, bevor sich ihr scheinbar täuschendes innerstes Gefühl als wahr und untrügbar erweist und sie, wie ihr Jupiter verheissen, "glanzvoller als die Sonne" im Triumph vor dem Volke Thebens stehen darf, muss sie nochmals alle Qualen der Verzweiflung durchleben.

Dies ist eine der Stellen, die uns in ihrer unbeugsamen Härte und Konsequenz befremden. Das Nebeneinander von bezaubernder Lieblichkeit und einem grausamen Schicksal (oder Gott?), das jene vor dem Triumph einer letzten, vernichtenden Verzweiflung ausliefert, bedrückt uns. So erstaunt es nicht, wenn sich der klassische Goethe mit einem leichten Schauder von Kleists Gestalten, die bis zum Schluss in den Extremen verharren, abwandte. Aber auch eine grosse Zahl von Interpreten ergriff hier — wohl rein gefühlsmässig bedingt — für Alkmene Partei, um zugleich den unmenschlichen Gott zu einem Teufel oder zum leeren, kraftlosen Popanzen zu degradieren und dabei seine Bedeutung als Gott gänzlich zu übersehen.[1]

Doch gerade hier liegt die grosse Gefahr, dass wir Kleist nicht gerecht werden. Denn in eben dieser bis zur Unmenschlichkeit getriebenen Spannung leben die Ge-

---

1 So betonen Heinrich Meyer-Benfey, Gerhard Fricke, Walter Silz u. a. die teuflischen Züge.
   In die andere Richtung geht eine neuere Interpretation von Wolfgang Wittkowski, die jedoch völlig unhaltbar ist; er sieht Alkmene als den "neuen Prometheus" neben einem Gott, der ständig zum Scheitern verurteilt ist und lächerlich wird.

stalten seiner Werke. Sie gründen im gleichen unglückseligen Wesen wie ihr
Schöpfer. So schrieb Kleist einmal an seine Schwester Ulrike:

> " ... mein liebes, bestes Ulrikchen, wie konnte ich Dich, oft in demselben
> Augenblicke, so innig lieben und doch so empfindlich beleidigen? O verzeih
> mir! Ich habe es mit mir selbst nicht besser gemacht."[1]

Fassungslos erblickt Alkmene inmitten von Volk und Obersten einen zweiten
Amphitryon. Ihr Entsetzen wächst noch, wie sich dieser Amphitryon mit werben-
den Worten der Liebe an sie wendet und sich zu töten droht, wenn sie den andern
als Gatten anerkenne. Der Boden wankt ihr unter den Füssen. Eine fürchterliche
Ahnung bemächtigt sich ihrer. So sollte sich dennoch als grauenvolle Wahrheit erweisen, was sie schon einmal befürchtet hatte? So wäre damals des Gatten Behauptung vom Besuche Jupiters doch nichts anderes als ein gütiger, leerer Trost gewesen, und dieser Vermessene hier wäre somit jener Frevler, den sie in jener
schönsten Nacht empfangen, jener, den sie doch mit allen ihren Sinnen, mit ihrem
innersten Gefühl und ihrer ganzen Seele als Amphitryon erkannte und der sich nun
als schändlicher Betrüger erweist? – Oder täuscht sie sich jetzt gar in ihrem
"Gatten", und jener Bittende wäre der wirkliche Amphitryon? Verstört, vom Schatten
des Wahnsinns überdeckt entringen sich ihr die Worte:

> Dass ich zu ewger Nacht versinken könnte!
> (2221)

Die Feldherren drängen zur Entscheidung. Sie zögert. Sollte sich ihre Vermutung tatsächlich als vernichtende Wahrheit erweisen? Verzweifelt sucht sie
ihren Amphitryon in den beiden Erscheinungen zu erkennen. Bis schliesslich auch
Jupiter sie mahnt:

> Gib, gib der Wahrheit deine Stimme, Kind.[2]
> (2230)

---

1 An Ulrike von Kleist, Bern, den 12. Januar 1802.
  Ges. Ausg. II, S. 713.
2 Man beachte den Unterschied zu den ähnlichen Versen im "Zerbrochenen Krug":
  Gib Gotte, hörst du, Herzchen, gib, mein Seel,
  Ihm und der Welt, gib ihm was von der Wahrheit.
                              (1098f.)
  Jupiter verlangt von Alkmene die ganze Wahrheit; die Liebe soll entscheiden, die
  an sich schon immer nur wahr sein kann.
  Adam jedoch verlangt von Evchen einen Teil der Wahrheit, um sich damit aus der
  Schlinge zu ziehen. Denn eben daran scheitert ja der Mensch, dass er meist
  nicht die ganze Wahrheit erkennen kann und so falsche Schlüsse zieht.

Nach einem letzten Zaudern am Rande des Abgrundes wählt sie – den Gott, den "wahren" Amphitryon.

Der Ausruf des Fremdlings in Amphitryons Gestalt: "Alkmene!" – "Geliebte!" bestätigen sie – scheinbar – in ihrer Ahnung: Dieser muss jener verbrecherische Eindringling gewesen sein, den ihre Seele für Amphitryon gehalten. Und mit dem Schmerz ihrer betrogenen Liebe, aus der vernichtenden Erkenntnis, dass es dem Menschen unmöglich ist, wahr zu existieren, dass es für ihn keine Gewähr gibt, das geliebte Du in dieser gebrechlichen Welt unfehlbar zu erkennen, überhäuft sie den Doppelgänger mit ihren verzweifelten Schmähungen.

Diese Worte Alkmenes dürfen nicht, wie das in vielen Interpretationen geschieht, als komisches Missverständnis gedeutet oder einfach mit dem Hinweis auf ihre "objektive" Treue überspielt werden. Mit dieser Erkenntnis gibt es für sie keine Welt mehr, in der ihre Liebe wirklich sein kann. – Und doch ist sie gerade hier dem Irrtum verfallen (eben weil der Verstand nicht die ganze Wahrheit zu erkennen vermag), einem Irrtum, der sie zerstören müsste, würde ihr nicht in der Epiphanie Jupiters die höhere, die ganze Wahrheit zuteil.

Dieser Abschnitt, in dem Alkmene ihrer verzweifelten Empörung Luft macht – eine der längsten Versfolgen im ganzen Stück –, nimmt Bezug auf den Abschnitt in II/4 (1122-48), der zufällig (?) genau gleich viele Verse umfasst. Was dort durch das Zeichen der Wirklichkeit (den Wechsel des A zum J) zur bedrohlichen Vermutung wurde, erfährt hier, nach der vermeintlich erlösenden (und doch wahren) Erklärung von Jupiter-Amphitryon, wie sich die beiden Amphitryonen in Wirklichkeit gegenüberstehen, die scheinbar unwiderlegbare Bestätigung: Ein Fremdling musste sie besucht haben.

So wendet sich Alkmene wieder ihrem "wahren" Geliebten zu, jenem, der vor dem Volke Thebens ihr Gatte ist, vor dessen "scheugebietendem Antlitz" der Schändliche sich vermisst, ein zweites Mal ihr zu nahen. Aus der Verzweiflung ihrer zerrissenen Seele verflucht und schmäht sie den Frevler, der ihr heiliges Verhältnis zerstört hat. Zugleich glaubt sie nun den Wahn, der sie damals täuschte, aufgedeckt. Und abermals findet sie nur in ihrem "Gatten" (2238) die herrliche Gestalt des Geliebten (2256), den "Prachtwuchs dieser königlichen Glieder".

Alkmene hat sich nur für den olympischen Amphitryon entscheiden können, weil sie den Feldherrn für den nächtlichen Eindringling hält und somit der andere ihr Gatte sein muss, und weil sie zugleich in diesem "Gatten" ihren Geliebten, den "ins Göttliche verzeichneten" Amphitryon erkennt. Dies ist die entscheidende Voraussetzung für Alkmenes Wahl, die es bei jeder Deutung zu beachten gilt: auch hier wieder die Identität von Geliebtem und Gemahl und Jupiters Erscheinung als wahrer, idealer Amphitryon.

Klagend über ihr Unvermögen verflucht sie Sinne, Gefühl und Seele:[1]

> Verflucht die Sinne, die so gröblichem
> Betrug erliegen. O verflucht der Busen,
> Der solche falschen Töne gibt!
> Verflucht die Seele, die nicht so viel taugt,
> Um ihren eigenen Geliebten sich zu merken!
> Auf der Gebirge Gipfel will ich fliehen,
> In tote Wildnis hin, wo auch die Eule
> Mich nicht besucht, wenn mir kein Wächter ist,
> Der in Unsträflichkeit den Busen mir bewahrt.
>
> (2252-60)

Es ist dies nicht eine romantische Flucht in die Innerlichkeit, nicht die Klage über einen gebrochenen Moralkodex. Wenn es für sie keine Gewissheit gibt, ihren Amphitryon zu erkennen, den Grund, der ihr ermöglicht, Alkmene zu sein, so gibt es für sie auch keine Welt mehr – wo die Existenz ja allein ihren Sinn gewinnt –, in der sie zu leben vermag. Und diese letzte, diese eine Sicherheit, die der Mensch, um Mensch zu sein, braucht, ist hier scheinbar unwiderbringlich genommen; der Friede ihrer Seele ist zerstört.[2]

Dieser Entscheid Alkmenes für den Gott bildet den Schwerpunkt jeder Interpretation. Wir haben bereits nach dem ersten Besuch Jupiters, wie Alkmene vom Zwiespalt zwischen ihrem innersten Gefühl und der widersprechenden Wirklichkeit bedrängt wurde, einen Blick auf die Kleist-Literatur geworfen. Damals wurden einige Deutungen des Olympiers erörtert, um Alkmenes "Irrtum", die Frage der Treue, zu beurteilen. Nachdem im Laufe der Arbeit Jupiters und des Feldherrn Wesen deutlicher sichtbar wurden, ergab sich daraus die Möglichkeit für eine Deutung von Alkmenes letztem Entscheid. Jetzt sollen nochmals ein paar Beispiele aus der Literatur herangezogen werden, um in einer kritischen Auseinandersetzung die gewonnenen Ergebnisse zu erhärten.

---

1 Dies sind die Erkenntniskräfte, wie sie Kleist der Frau zuerkennt, entsprechend: Sinne, Verstand und Vernunft (nach Kant!) beim Mann.
2 Damit erfüllt sich jetzt – wiederum nur scheinbar, oder doch nur für kurze Zeit –, was der wütende Feldherr bei seiner ersten Rückkehr nicht vermochte: Den innern Frieden kannst du mir nicht stören ...

Die wohl älteste Richtung der Interpretation will in unserem Stück eine
"Deutung der Fabel ins Christliche"[1] sehen. Sie geht vermutlich auf die Vorrede
zum Erstdruck des "Amphitryon" von Adam Müller zurück. Ein Jahrhundert später
nimmt vor allem Friedrich Braig diese These wieder auf. − Darüber brauchen wir
uns nicht weiter zu äussern; allein vom Text her ist eine solche Deutung völlig
unhaltbar, und die unkritische Vermengung ist jedem Theologen ein Aergernis.

Mit Gerhard Fricke setzt eine neue Richtung in der Kleist-Forschung ein,
die deutlich dem Denken der Existenzphilosophie verpflichtet ist. In Friedrich Koch
und Günter Blöcker findet sie Vertreter bis in die neueste Zeit. Fricke sieht das
Anliegen der Dichtung im "überschwänglichen Preis der unbedingten, unmittelbar
gewissen, allen Verwirrungen und Anfechtungen schlechthin überlegenen, rettenden
Macht des Gefühls"[2], und zwar eines "metapsychologischen" Gefühls. Aehnlich
spricht Blöcker vom "absoluten Ich".[3] Hier wird richtig erkannt, dass Kleist nach
der "ewigen religiösen Bestimmung seines absolut-subjektiven, absolut-individu-
ellen, absolut-realen Ich"[4] fragt.

So sehen denn diese Interpreten in Alkmene den alleinigen Helden des Stücks.
Ohne Zweifel ist ihr Schluss richtig, dass Alkmene im Vertrauen auf ihr innerstes
Gefühl ihr "heiliges Soll" erfüllt und unwandelbar sich selbst und ihrer Liebe zu
Amphitryon treu bleibt. Dagegen stimmt es nicht, dass aus diesem Gefühl dem
Menschen eine Kraft wird, "die ihn nicht wanken lässt, an der die ganze widersprechende Wirklichkeit zerschellt."[5] Wir dürfen hier nicht in der "objektiven"
Perspektive des Zuschauers verharren. Alkmene gerät zweimal (II/4 und III/11)
in einen fürchterlichen Zwiespalt. Gewiss, ihr Gefühl hat nicht versagt, aber dennoch zeugt der Schein der Wirklichkeit wider sie und droht sie zu zerstören. Zwar
bestätigt Fricke, dass für Alkmene "alles an der Wirklichkeit hängt"[6], "auf die
das Gefühl bezogen ist, im Verhältnis zu der es allein Aufgabe und Inhalt hat, in
der es versagen oder sich bewähren muss."[7] Aber solange diese widersprechende
Wirklichkeit nicht widerlegt und die ganze Wahrheit erkannt werden kann, fehlt dem
Menschen eine Welt, in der er wahr und sinnvoll existieren kann. Es ist jedoch bei

---

1 Goethe zu Riemer; Sembdner, Lebensspuren, S. 124.
2 Gerh. Fricke, Gefühl und Schicksal, S. 76.
3 Günter Blöcker, Heinrich von Kleist oder das absolute Ich, Berlin 1960.
4 Fricke, S. 73.
5 Ib., S. 85.
6 Ib., S. 88.
7 Ib., S. 87.

Kleist in keinem Drama, in keiner Novelle und somit auch hier nicht dieses innerste
Gefühl, das den Irrtum zu heben vermag, auch wenn es selbst immer schon im
wahren Sein gründet und in traumwandlerischer Sicherheit zu wahrem Sein hinführt.

Erst der Verstand, der sich aus der hybriden Selbstherrlichkeit in der Diskursivität zur "alten geheimnisvollen Kraft des Herzens" zurückgefunden hat und
die Wahrheit des innersten Gefühls anerkennt, vermag den zerstörenden Irrtum
aufzudecken; erst mit diesem dialektisch höheren Bewusstsein, wo Gefühl und Verstand wieder versöhnt vereinigt sind, vermag die Wahrheit in der Wirklichkeit zu
bestehen. [1]

Wir sehen somit, dass die erstgenannten Interpreten − wie schon einmal
erwähnt − eher einer statischen Betrachtungsweise verpflichtet sind: Die Kleistischen Gestalten machen keine Entwicklung durch; das Gefühl vermag sie vor jeder
Verwirrung zu bewahren. Obwohl der Bezug zur Wirklichkeit als das Hauptanliegen
Kleists erkannt wird, vernachlässigen ihre Deutungen den Anspruch dieser Wirklichkeit. Es wird nicht gefragt, ob es für Alkmene möglich ist, in dieser Welt
weiter zu leben. Besonders das Du, im Bezug zu dem Alkmene allein zu sein vermag − der Feldherr der Wirklichkeit, nicht der Gott der Idealität −, dieses Du,
das ja nur in dieser Wirklichkeit sein kann, wird dabei übergangen; Amphitryons
Weg zur Liebe zu Alkmene und damit zu sich selbst wird überhaupt nicht beachtet.
Damit nehmen diese Interpreten das Amphitryon-Sein letztlich ins Ich Alkmenes
zurück, und Alkmene lebt so trotz des behaupteten Bezugs zur Wirklichkeit in
einem gleichsam idealistischen Raum mit existentiellen Vorzeichen. Jupiter und
Amphitryon stehen ohne eigenen Sinn und eigenes Leben als "Hilfskonstruktionen"
daneben.

Konsequenter hält Ernst von Reusner an diesem Kleistischen Anspruch der
Wirklichkeit fest. Für ihn bleibt Alkmene "sich und ihrer Liebe, dem Amphitryon
in ihr, treu,"[2] sodass auf diesen bleibenden Widerspruch (?) zwischen der Forderung
einer wahren Existenz in der Wirklichkeit und der unmöglichen Realisierung allein
eine tragische Lösung folgen könne.

In einer völlig anderen Richtung gehen einige Interpretationen aus der jüngsten
Zeit. [3] Sie sehen im Bewusstseinsprozess, den die Gestalten Kleists durchmachen

1 Vgl. dazu: Wilh. Emrich, Kleist und die moderne Literatur, Vier Reden zu
   seinem Gedächtnis, Jahresgabe der Heinrich-von-Kleist-Gesellschaft 1962, S.16f.
2 Ernst von Reusner, Satz - Gestalt - Schicksal, Untersuchungen über die Struktur
   in der Dichtung Kleists, Berlin 1961.
3 Wilhelm Emrich, Kleist und die moderne Literatur, Jahresgabe der Heinrich-
   von-Kleist-Gesellschaft 1962.

müssen, das zentrale Thema der Dichtung; es ist dies somit eher eine dynamische Betrachtungsweise. Bezeichnenderweise werden diese Deutungen zum ersten Mal der Gestalt Amphitryons, seinem Weg zu sich selbst, in vollem Umfange gerecht. Sobald man aber diesen Bewusstseinsprozess im gleichen Sinn auch auf Alkmene überträgt, wird die Sache zweifelhaft. Gewiss, wenn das "falsche Bewusstsein" nur Ausdruck der Relation zwischen der Wirklichkeit und einem dieser nicht völlig entsprechenden Bewusstsein ist − allerdings einer Wirklichkeit, in der durch das Erscheinen des Gottes ihre Gesetze aufgehoben sind! −, so können wir beipflichten; wenn "falsch" aber ein Werturteil ausdrücken soll, so sind die Konsequenzen, die sich für die Deutung der Gestalt Alkmenes daraus ergeben, meines Erachtens unhaltbar. Wenn Ryan daher von diesem Stück schreibt, dass es "die Verspottung der selbstsicheren menschlichen 'Autonomie' zum Ziel hat,"[1] so gilt das wohl für Amphitryon, in keiner Weise aber für Alkmene. Was für Kleist tragisches Unvermögen des menschlichen Erkennens war, wird hier zum blossen Lustspieleffekt. Und gleichzeitig wird aus dem vorgeworfenen Mangel an Bewusstsein Alkmene zur "komischen Figur" herabgewürdigt.

Worin besteht nun aber dieses falsche Bewusstsein? − Emrich und Arntzen bezichtigen Alkmene der Idolatrie, das heisst, ihre Liebe gelte einem Idol und nicht Amphitryon. So kommt Arntzen, wie Alkmene als Schändlich-hintergangene in Klagen ausbricht (1287), zum Schluss:

"Doch keiner hat sie hintergangen als sie sich selbst, die weder den wirklichen Amphitryon noch auch den Gott oder das Göttliche liebt, sondern ein Idol."[2]

Ebenso zum Ausgang dieser Szene (II/5):

"Alkmene liebt weder den realen Menschen Amphitryon noch glaubt sie den Gott, zu dem sie betet, sie bekennt sich zu ihrem Idol."[3]

Auch Ryan wirft Alkmene ein "falsches Bewusstsein" vor − allerdings gerade im entgegengesetzten Sinn. Er spricht von der "Begrenztheit ihrer falsch verstandenen Sittlichkeit"[4] und will bei ihr eine mangelnde Ursprünglichkeit des 'Gefühls'

Helmut Arntzen. Die ernste Komödie, das deutsche Lustspiel von Lessing bis Kleist, München 1968.
Lawrence Ryan, Amphitryon: doch ein Lustspielstoff, Jahresgabe ... 1969.
1 L. Ryan, a. a. O., S. 85.
2 H. Arntzen, a. a. O., S. 230.
3 Ib., S. 235.
4 L. Ryan, a. a. O., S. 88.

erkennen, "die inzwischen vom Bewusstsein, vom Dogma der ehelichen Treue, von Vorstellungen der Ehre und des guten Namens so überlagert wurde, dass sie als 'verwirrt' zu bezeichnen wäre."[1] Ryan gelingt hier das Kunststück, zu einer Auffassung zu gelangen, die wohl zu sämtlichen anderen Interpretationen im Widerspruch stehen dürfte. So kommt er bei der ersten Begegnung mit Jupiter (I/4), wie Alkmene vom "heiligen Verhältnis" spricht, zum Schluss:

> "Es täte ihrer Ehre und ihrer Sittlichkeit keinen Abbruch, wenn sie der Liebe des Ehegatten den Vorzug gäbe vor dessen Erfüllung der Ehepflicht, anstatt diese fast als Selbstzweck zu betrachten. An ihrer Antwort wird sichtbar, wie sehr ihre Liebe denaturiert, ihrer Spontaneität beraubt worden ist, wie sehr die starre Förmlichkeit eines gesetzlich geregelten Vertragsverhältnisses an die Stelle des ursprünglichen Gefühls getreten ist."[2]

Zunächst muss festgehalten werden, dass Jupiter Alkmene nicht zwischen Pflicht und Liebe des _Ehegatten_ zu unterscheiden auffordert, sondern zwischen Geliebtem und Gemahl. Weiter kann von einer "denaturierten Liebe" doch gerade bei Alkmene am allerwenigsten die Rede sein; eben diese Liebe ermöglicht es ihr ja erst, allen Versuchungen des Gottes standzuhalten und — trotz des scheinbaren Versagens — ihrem "Amphitryon" die Treue zu bewahren. Diese falsche Auslegung beruht zum Teil auf dem missverstandenen Hinweis Alkmenes auf das "Gesetz der Welt" (461).

Alle diese Interpretationen, die ihr Hauptaugenmerk auf den Bewusstseinsprozess legen, verkennen dabei das Wesen von Alkmenes Liebe. Auch wenn der "reale" Amphitryon zunächst sein Wesen noch verfehlt, also seine Entelechie nicht erreicht hat, so heisst das noch lange nicht, dass dann ihre Liebe einem Idol — einem Amphitryon, der nur in der Vorstellung des Ich existiert — gilt. Zwar ist die Liebe schon immer auf das wahre Du, auf den idealen Amphitryon bezogen; aber ihrem Wesen nach ist sie jene Kraft, die — ohne dass dies ins Bewusstsein zu treten braucht — die Divergenz von Wirklichkeit und Ideal aufzuheben vermag. Dabei übergeht sie keineswegs die Wirklichkeit zugunsten des Ideals, sondern vereint beide in ihrem liebenden Umfassen. Sie steht schon immer, wenn hier der Ausdruck erlaubt ist, auf jener dialektisch höheren Stufe, die es in unserem Stück für das Bewusstsein erst noch zu erreichen gilt. Alkmene bleibt daher nicht allein der Liebe oder nur sich selbst treu, sondern jenem wahren Amphitryon, der allein im wirklichen Amphitryon (oder eben im Gott) sein kann. Wenn nun zwei Amphitryonen in der _Wirklichkeit_ erscheinen, so muss sie, um ihrem Amphitryon die

---

1 Ib., S. 96.
2 Ib., S. 87.

Treue zu halten und die Unfehlbarkeit ihrer Liebe zu bestätigen, den wahreren, vollkommeneren, eben Jupiter-Amphitryon wählen.

Von da her müssen wir auch Alkmenes Hinweis auf die Ehe verstehen. Für sie ist diese eben nicht ein "Gesetz der Welt", sondern ein "heiliges Verhältnis", das sie mit Geliebtem und Gemahl, mit ihrem Amphitryon verbindet. Und da dieser liebende Bezug, dieses Dasein im Wir, der Grund ihrer Existenz ist, reicht die Ehe auch weit über Zeit und Wirklichkeit, über ein "Gesetz der Welt"hinaus. Dieses kann überhaupt nicht beschränkend sein; vielmehr bestätigt und anerkennt damit die Wirklichkeit die Unendlichkeit des Gefühls. Indem aber Alkmene das "Gesetz der Welt" ebenso anerkennt, bejaht sie auch, dass die Liebe, die über Raum und Zeit hinausgeht − eben unendlich ist −, nur in der Wirklichkeit realisiert werden kann; für sie ist es eine Bestätigung, dass damit das wahre Sein in der Liebe in der Wirklichkeit Dauer zu finden vermag.

Wenn Alkmene ein "falsches Bewusstsein" besitzt, so höchstens in ihrer irrtümlichen Auffassung vom Wesen des Gottes. Das war ja der Sinn von Jupiters dialektischem Verhör: Sein vollkommenes Geschöpf soll ihn als den Grund ihrer Liebe zu Amphitryon erkennen und ihn nicht als einen fernen Gott − der doch wieder nur in Amphitryon ein Antlitz finden kann −, "gestürzt in Staub", am Altar verehren. Mit diesem Wissen um die geheimnisvolle Einheit von Gott und Mensch braucht Jupiter nicht mehr ihr "schönes Herz zu entbehren", denn damit ist sie in ihrer Liebe ebenso mit Amphitryon wie mit ihm, dem pantheistischen Gott, verbunden. Somit soll durch das Erscheinen des Olympiers Alkmene weder von der Treue zu ihrem Gatten abgebracht werden noch soll sich ihre "denaturierte Liebe" zum ursprünglichen Gefühl zurückfinden, wie dies Ryan behauptet.

Doch wenden wir uns wieder dem Text zu. Auf Alkmenes Verzweiflung über ihr Unvermögen, auf die Schmähungen, mit denen sie den vermeintlichen Frevler überhäufte, antwortet Amphitryon bestürzt:

> Du Unglückselige! Bin ich es denn,
> Der dir in der verflossnen Nacht erschienen?
> (2263f.)

Aber Alkmene achtet nicht auf diesen Einwand; sie möchte der Menge entfliehen, der sie in ihrer Schande in völliger Schutzlosigkeit preisgegeben ist, einer Welt entfliehen, in der ihre Liebe keinen Platz findet. Doch abermals hält sie Jupiter mit seiner Verheissung zurück:

> Du Göttliche! Glanzvoller als die Sonne!
> Dein wartet ein Triumph, wie er in Theben
> Noch keiner Fürstentochter ist geworden.
> Und einen Augenblick verweilst du noch.
>
> (2270-73)

Der versprochene Triumph scheint jedoch eher zur letzten vernichtenden Katastrophe zu führen. Mit wachsender Bestürzung verfolgt Alkmene den Dialog zwischen dem Gott und dem Feldherrn. Voll banger Ahnung vernimmt sie, wie der "Betrüger" trotz Abweisung und Schmähungen den unerschütterlichen Glauben an die Wahrheit ihrer Liebe bekennt. Nun bestätigt ihr "Gatte" gar, dass jener Frevler Amphitryon sei. Und wie er zudem in rätselhaften Worten sich selbst als einen anderen entdeckt, verdichtet sich für sie die Ahnung zur vernichtenden Gewissheit: Abermals hat sie den falschen Amphitryon gewählt; jener, den sie soeben mit tödlichen Beleidigungen überhäuft hat, muss ihr richtiger Gatte sein. Ein verzweifelter Aufschrei entringt sich ihrer gequälten Brust: "Entsetzlich!"

Nun folgt die letzte grausame Steigerung auf Alkmenes qualvollem Weg, wie Jupiter auch hier noch sie selbst zum Entscheid aufruft und ihr die Frage stellt:

> Meinst du, dir sei Amphitryon erschienen?
>
> (2304)

Das ist zuviel für Alkmene; sie vermag ihre bange Ahnung, dass ein anderer sie besuchte, nicht zu bestätigen. Wenn ihr nach dem ersten Irrtum eine Welt für ihre Liebe fehlte, so müsste diese "Wahrheit" auch noch ihre Seele vernichten; hätte sie dann doch ihren richtigen Gatten als den nichtswürdigsten Betrüger verflucht, sie selbst hätte ihn aus dem Unvermögen ihrer Sinne und Seele mit einem anderen betrogen — mit einem anderen, den sie mit ihrem innersten Gefühl dennoch allein als Amphitryon zu erkennen glaubte und der es wiederum nicht sein soll. So fleht sie verzweifelt:

> Lass ewig in dem Irrtum mich, soll mir
> Dein Licht die Seele ewig nicht umnachten. [1]
>
> (2305f.)

---

1 Dazu finden wir ähnliche Verse in der "Penthesilea":
> O möcht ihr Auge sich
> Für immer diesem öden Licht verschliessen!
> Ich fürchte nur zu sehr, dass sie erwacht.
>
> (1475ff.)
>
> O dir war besser, du Unglückliche,
> In des Verstandes Sonnenfinsternis
> Umher zu wandeln, ewig, ewig, ewig,

Abermals droht hier dem Menschen, selbst dem vollkommenen Geschöpf, aus seinem Urteilen die vernichtende Katastrophe zu erwachsen — eben weil er nicht die ganze Wahrheit zu erkennen vermag. Doch Alkmene soll und muss diese ganze Wahrheit erfahren. Und so widerspricht Jupiter begütigend ihrem verzweifelten Wunsch mit den verhüllend offenbarenden Worten:

> O Fluch der Seligkeit, die du mir schenktest,
> Müsst ich dir ewig nicht vorhanden sein.
> (2307f.)

Dieser Ausspruch wurde häufig falsch gedeutet. Man behauptete, in dieser Verwünschung komme Jupiters endgültige Resignation, sein Geschöpf zu verführen und für sich zu gewinnen, zum Ausdruck. — Von einer Niederlage des Gottes, von einem Fluch kann jedoch nicht die Rede sein; vielmehr wird hier erneut auf die pantheistische Einheit von Gott und Mensch hingewiesen. Alkmene muss wissen, dass — auch wenn sie den Gott und nicht den Gatten gewählt hat — es immer "Amphitryon" war. Zugleich bekräftigt Jupiter in diesen umstrittenen zwei Versen, dass die Seligkeit, die sie ihm schenkte, seinem Fluch verfallen würde, wenn er ihr nicht mit Sicherheit ewig vorhanden wäre — eben in der Liebe zu Amphitryon.[1]

Darauf, nach Amphitryons letzter Forderung an den "furchtbaren Geist", sich zu erkennen zu geben, folgen Blitz und Donnerschlag, die Zeichen des Olympiers, Adler und Donnerkeil, werden sichtbar und offenbaren den Sterblichen das Wesen dieses "Amphitryon". Wie darauf die Welt des Verstandes zuerst das Wunder begreift und den Gott erkennt: "Der Schreckliche! Er selbst ists! Jupiter!", da sinkt Alkmene mit dem Ausruf: "Schützt mich, ihr Himmlischen!" ohnmächtig ihrem irdischen Amphitryon in die Arme.

Noch ist diese unerwartete Auflösung ihrer Verzweiflung, ihres scheinbar vernichtenden Irrtums für Alkmene zuviel; ihr Geist kehrt zu "seinem Urquell" zurück, um dann mit neuer Kraft das offenbarte Geheimnis fassen zu können. Zugleich hat ihre Ohnmacht aber noch einen tieferen Sinn. Von dem Augenblick an, wo sich der

---

Als diesen fürchterlichen Tag zu sehn!
(2901-04)
Es ist beidemal das kurz-sichtige Urteil der Prothoe. Doch auch Penthesilea vermöchte ihr wahres Sein nur zu realisieren, wenn sie die ganze Wahrheit erkennen könnte: die Pervertierung des Lebens und der Liebe durch das Gesetz des Amazonenstaates und anderseits das liebende Herz unter der Rüstung des Achill. Für sie aber kommt die Erkenntnis zu spät: Erkennen und tragische Vernichtung fallen in eins zusammen.
1 Vgl. L. Ryan, a. a. O., S. 98.

Olympier zu erkennen gibt und seine Identität wiedergewinnt, wo Jupiter-Amphitryon wieder Jupiter wird, wäre für sie ein Alkmene-Sein unmöglich; jetzt vermöchte sie nicht mehr zwischen dem Gott und dem Gatten, der sein Wesen wiedergefunden hat, zu stehen. Und so muss ihre Ohnmacht fortdauern, bis Jupiter diese
Erde verlässt und seinem Wesen gemäss wieder zum panentheistischen Gott wird.

Dann, wie Jupiter nach der Verheissung des Herkules sich in den Wolken
zum Olymp hin verliert, erwacht Alkmene zu neuem Bewusstsein. Mit einem
schmerzlich verwunderten "Amphitryon!" tritt sie ins neue Leben: ein Ruf, der
dem entschwindenden Gott, aber auch ihrem Gatten, in dessen Armen sie ruht,
gilt, der jenen einen meint, der ihr allein Geliebter und Gemahl sein kann und den
sie für immer verloren und verraten glaubte.

Nach dem komischen Zwischenspiel, in dem sich Hermes seinerseits offenbart und Sosias beteuert, dass er trotz des Wissens um die göttliche Art der
Prügel von Herzen gern auf diese Ehre verzichtet hätte, wendet sich das Stück
nochmals ins Tiefsinnige. Mit "zwei Worten" der beiden Hauptgestalten endet das
Drama:

> Amphitryon   Alkmene!
> Alkmene   Ach!

Zu Recht wurde in der gesamten Kleist-Literatur mit sonst ungekannter
Einmütigkeit diesem zauberhaften gehauchten "Ach!" Bewunderung gezollt. Dabei
übersah man jedoch diesen letzten Anruf Amphitryons. Dieses "Alkmene!" muss
mit dem "Ach!" zusammen gesehen werden; beide stehen auf der gleichen Stufe
und sind Zeichen für die wahre Begegnung von Ich und Du. In Amphitryons ver-
haltenem Ruf schwingen Schuld, Bitte um Verzeihung, liebendes Werben, Hoffnung
auf eine neue Gemeinschaft mit. Zugleich aber kommt in diesem Nennen des Namens, in der "freundlichen Erfindung mit einer Silbe das Unendliche zu fassen"[1],
Amphitryons wahrhaftes Erkennen zum Ausdruck. Es steht in der Nähe von jenem
Erkennen, wie es noch die Bibel verwendet[2]: ein völliges Offenbar-Werden des
geliebten Menschen, ein Erkennen mit zeugender Kraft, das eine neue Welt zu
schaffen vermag. Nun ist Amphitryon für seine Gattin zum wirklichen, wahren
Du geworden; als wahrer Mensch, der sein Wesen wieder gewonnen, steht er auf
der gleichen Stufe wie Alkmene. Und so dürfen wir in diesen zwei Worten Hoffnung
und Verheissung auf ein neues Dasein sehen.

---

1 "Familie Schroffenstein", Vers 758ff.
2 Cognoscere mulierem: ein Weib erkennen; vgl. z.B. Matth. 1, 25:
  "Und er erkannte sie nicht, bis sie einen Sohn geboren hatte."

Auch Alkmenes vieldeutiges, leise verklingendes "Ach!" müssen wir in dieser Weise verstehen. Wieder ist es der Versuch, in einem Wort, mit einem einzigen Laut aus dem Grenzbereich der Sprache das Unsagbare auszusprechen. Schmerz, Erleichterung, ein Erkennen des qualvollen, verworrenen Weges klingen darin an. Zugleich kommt in diesem Seufzer auch Alkmenes Wissen um die nun erkannte Wahrheit zum Ausdruck. Nun erfasst ihr Bewusstsein, was sie schon im Verhör mit Jupiter unbewusst ausgesprochen hat; jetzt erkennt sie das Wesen des Gottes, der ihr als der ideale Amphitryon entschwunden ist, aber im Wissen um die Liebe, um diese geheimnisvolle Einheit von Gott und Mensch, in ihrem Gatten, im wiedergewonnenen Amphitryon, "ewig vorhanden sein wird."

Wenden wir uns zum Schluss dem Gotte zu. Seine Bedeutung in dieser Szene wurde jeweils schon im Zusammenhang mit den Erläuterungen zu der Gestalt Alkmenes und Amphitryons hervorgehoben. Es gilt hier lediglich nochmals festzuhalten, dass Jupiter bei einer Interpretation keinesfalls allein aus einer psychologisierenden Sicht betrachtet werden darf. Zwar tritt er als Amphitryon auf, handelt und spricht wie die menschlichen Gestalten, doch könnte er ja gar nicht als der pantheistische Gott erscheinen. Auch er ist in diesem Stück, wie der Feldherr, Doppelgänger seiner selbst. Indem er sich vereinzelt, Gestalt annimmt und zur Erde niedersteigt, tritt er in Widerspruch zu sich selbst, zu seiner unendlichen Göttlichkeit. Daraus folgt die Vieldeutigkeit seiner Reden, auf die in dieser Arbeit verschiedentlich hingewiesen wurde. Daher sind seine Worte nicht ohne weiteres als diejenigen des Allgottes zu verstehen. Ihr eigentlicher Sinn — der wahre Gott — muss somit jeweils erst erschlossen werden.

Dadurch, dass Jupiter mit seinem Wesen nicht mehr identisch ist, wird er als Gott schuldig. Aber dennoch wären ohne sein Eingehen in die Welt Alkmenes Wissen um den Gott, Amphitryons Weg zu sich selbst, die neue, tiefer erfahrene Liebe des irdischen Paares und schliesslich die Verheissung des Herakles nicht möglich geworden. Der Mensch wird gezwungen, vorwärts zu gehen; er muss sich seiner selbst bewusst werden. Wir sehen uns dabei an die Metapher vom verschlossenen Paradies erinnert, an den Menschen, dem nur die Möglichkeit bleibt, die Reise um die Welt zu machen, um so von hinten vielleicht wieder einen Eingang ins Paradies zu finden. [1]

---

1 "Ueber das Marionettentheater", Ges. Ausg. II, S. 342.

Schliesslich vermag auch der Olympier die Liebe seines Geschöpfes zu gewinnen. In Alkmene ist es ihm vergönnt, sich in einer menschlichen Seele zu
spiegeln. So nennt er, der unendliche Geist, sie ausdrücklich "mein Leben" (2177).
Wie dann Alkmene zur Erkenntnis des göttlichen Wesens gelangt, muss er sie in
dieser Gestalt wieder verlassen, damit er ihr bleiben kann, was er ist. Von da
her gesehen erklärt sich diese Doppelheit der Gestalt Jupiters, und wir erkennen,
dass eine psychologisierende Deutung zu kurz greifen würde.

Entsprechend dem Weg Alkmenes und Amphitryons zur Erkenntnis des Gottes
finden wir einen Wandel des Gottesbildes bei Kleist selbst. In der "Familie Schroffenstein" (1802) und in Briefen bis zum Jahre 1805[1] steht der dunkle unverständliche
Schicksal-Gott im Vordergrund; der blinde Zufall beherrscht den Menschen. Doch
dann im August 1806 – das Entstehungsjahr des "Amphitryon" – schreibt Kleist
in einem Brief an den Freiherrn von Stein: "Es kann kein böser Geist sein, der an
der Spitze der Welt steht: es ist ein bloss unbegriffener."[2]

Noch immer ist die Erscheinungsweise des Göttlichen auf Erden zwiespältig
und unverständlich – wie diejenige Jupiters in unserem Stück. Aber der Grund
dafür wird nun beim mangelnden Erkenntnisvermögen und der verfehlten Identität
des Menschen gesucht und nicht mehr in der Willkür Gottes. Damit gewinnt Kleist
jene Ueberzeugung, die Grund jedes echten Glaubens ist: Gott ist für den Menschen
nicht verfügbar, weder in der Institution der Kirche noch in einem verstandes-
mässigen Erkennen und Festlegenwollen; und was dieser vielleicht kurzsichtig als
göttliche Willkür deutet, ist im Grunde die Strafe für die eigene Schuldhaftigkeit.

---

1 An Ulrike von Kleist, Genf, den 5. Oktober 1803.
"Ist es aber nicht unwürdig, wenn sich das Schicksal herablässt, ein so hülf-
loses Ding, wie der Mensch ist, bei der Nase herum zu führen?"
(Ges. Ausg. II, S. 736)

An Henriette von Schlieben, Berlin, den 29. Juli 1804.
"Wenn uns das Schicksal so unerbittlich grimmig auf der Ferse folgt, so haben
wir alle Besinnung nötig, um uns nur von seinen Schlägen einigermassen zu
retten." (S. 744)

An Ernst von Pfuel, Berlin, den 7. Januar 1805.
"Wirf Dich dem Schicksal nicht unter die Füsse, es ist ungrossmütig und zer-
tritt Dich." (S. 750)

2 An Karl Freiherrn von Stein zum Altenstein, Königsberg, den 4. August 1806.
Ges. Ausg. II, S. 766.
Eine wörtliche Wiederholung dieser Stelle findet sich im Brief an Otto August
Rühle von Lilienstern (31. August 1806; ib., S. 768).

Denken wir dabei an die schon einmal zitierte Novelle "Der Zweikampf", wo Friedrich von Trota dies aus seinem überzeugten Glauben bekennt:

> "... ein heilloser Fehltritt in die Riemen meiner Sporen, durch den Gott mich vielleicht, ganz unabhängig von ihrer Sache, der Sünden meiner eignen Brust wegen, strafen wollte."
>
> .....
>
> "Wo liegt die Verpflichtung der höchsten göttlichen Weisheit, die Wahrheit im Augenblick der glaubensvollen Anrufung selbst, anzuzeigen und auszusprechen?"[1]

Goethe, der den "Amphitryon" aus einer Mischung von Bewunderung und Abscheu ablehnte, verdross besonders dessen Schluss:

> "Das Ende ist aber klatrig. Der wahre Amphitryon muss es sich gefallen lassen, dass ihm Zeus diese Ehre angetan hat. Sonst ist die Situation der Alkmene peinlich und die des Amphitryon zuletzt grausam."[2]

Dieses Urteil, das später viele Interpreten und sicherlich auch Zuschauer teilten, hat seinen Grund in der Diskrepanz zwischen der unmittelbaren Bühnenwirkung und dem intendierten Sinn; es übersteigt die Möglichkeiten der Bühne — abgesehen von den aussergewöhnlich hohen Anforderungen an die Schauspieler — ein Drama Kleists so aufzuführen, dass es in seiner ganzen Bedeutung für den Zuschauer einsehbar wird. Dies wird erst möglich aus einer gründlichen Kenntnis des Stücks, des Gesamtwerks und der Briefe. Dieser Umstand mag mit ein Grund gewesen sein für die Erfolglosigkeit Kleists zu seiner Lebenszeit. Gewiss, für Goethe war dies nicht nur ein ästhetischer Einwand. Für ihn war eine solche Lösung mit der Würde des Menschen unvereinbar.

Eine gerechte Würdigung ist jedoch nur möglich, wenn wir bei der Interpretation vom völlig andersgearteten Weltbild Kleists ausgehen, von der Kantkrise und dem Zweifel an der Möglichkeit einer sicheren. wahren Erkenntnis überhaupt, vom tiefen Glauben an einen göttlichen Auftrag für den einzelnen Menschen, den es zu erkennen und zu erfüllen gilt und vom Verharren in der Diskursivität, womit der Mensch sein Wesen verfehlt und schuldig wird.

Dann sehen wir, dass auch den Kleistischen Gestalten in ihrer menschlichen Existenz Freiheit zukommt — sofern sie ihr wahres Wesen besitzen. Alkmene vermag aus ihrer Liebe all den sophistischen Verführungskünsten zu widerstehen und Amphitryon die Treue zu halten. Das gleiche gilt auch für den Amphitryon, der im

---

1 "Der Zweikampf", Ges. Ausg. II, S. 249 und 254.
2 Sembdner, Lebensspuren, S. 124.

Glauben an Alkmene seine Identität wiedergefunden hat. Weder begrüsst er den "furchtbaren Geist" als Amphitryon noch senkt er vor ihm sein Antlitz in Staub, wie dies dem Feldherrn einst verheissen wurde. Frei steht er vor Jupiter und begehrt von ihm einen Sohn, den Tyndariden gleich. (Man beachte, dass bei Kleist, entgegen dem Mythos, die Geburt des Herakles ihren Grund in dieser Forderung des Menschen an den Gott hat!)

Die meisten Gestalten Kleists sind somit in ihrem Verhältnis zur Wirklichkeit durch drei Eigenschaften bestimmt, die sich wechselseitig bedingen: das Verfehlen ihrer Identität, ihr Irrtum im Urteilen (das Verkennen der Wirklichkeit) und ihre Schuldhaftigkeit. Wenn wir die erwähnten drei Faktoren als Eckpunkte eines Dreiecks denken, so sind ein Erkennen der Wahrheit wie auch das Wahr-Sein allein in dessen Schwerpunkt möglich. Um nun die Wirklichkeit wahrhaft erkennen zu können, müssen somit diese drei Eckpunkte zu ihrem Schwerpunkt hin verschoben werden, bis sie in diesem zusammenfallen, oder anders gesagt: Der Mensch muss seine Identität wieder gewinnen.

Aber dennoch bietet die Identität allein, die ein Mensch besitzt, – das Zusammenfallen der drei Punkte im Schwerpunkt – noch keine Gewähr, die verrätselte Wirklichkeit als wahr zu erkennen und die Widersprüche zu lösen – das haben wir bei der Gestalt Alkmenes gesehen. Dazu ist gleichsam eine dritte Dimension notwendig: die Erkenntnis des Verstandes – eines Verstandes, der nicht mehr der Diskursivität verfallen ist, sondern aus diesem Schwerpunkt, aus dem wahren Sein des Menschen, sein Urteil gewinnt.

Von da her gelangen wir zu einem neuen Verständnis von Kleists Dichtung. Wenn das innerste Gefühl (als Ausdruck von einem wahren Sein in diesem Schwerpunkt) es allein ermöglicht, wahrhaft zu existieren, so ist es der Verstand (der sich zu diesem wahren Sein zurückgefunden hat), der diesem wahren Sein in der Wirklichkeit zur Dauer zu verhelfen und den scheinbaren, vernichtenden Irrtum aufzudecken vermag. So schreibt Kleist selbst in einem Brief an seine Braut:

"Aber der Irrtum liegt nicht im Herzen, er liegt im Verstande und nur der Verstand kann ihn heben."[1]

Bei allen drei grossen Frauengestalten Kleists ist es letztlich der Verstand, der zu diesem neuen Bewusstsein führt, wo Gefühl und Verstand, Wahrheit und Wirklichkeit vereint sind. Käthchen erlangt dieses Bewusstsein, gemäss ihrem

---

1 An Wilhelmine von Zenge, Berlin, den 28. März 1801.
  Ges. Ausg. II, S. 638.

paradiesischen Sein, in der Sprachlosigkeit: Sie fällt in Ohnmacht. Alkmene, deren innerstes Gefühl sich immer wieder mit dem Gesetz der Sprache auseinandersetzen muss, gewinnt die letzte Erkenntnis in ihrem "Ach!", einem Laut aus dem Grenzbereich von Sprache und Gefühl. Und Penthesilea schliesslich, die von der Diskursivität des Amazonengesetzes bestimmt ist und sich zur Wahrheit des Gefühls zurückfinden muss, gibt der Erkenntnis der vernichtenden Wahrheit in der diskursiven Sprache und in jener unsäglichen Gebärde Ausdruck:

> Du Aermster aller Menschen, du vergibst mir!
> Ich habe mich, bei Diana, bloss versprochen,
> Weil ich der raschen Lippe Herr nicht bin;
> Doch jetzt sag ich dir deutlich, wie ichs meinte:
> Dies, du Geliebter, wars, und weiter nichts.
>
> (Sie küsst ihn.)[1]

Eine weitere Bestätigung für eine solche Interpretation gibt uns abermals Kleist selbst in seinem Aufsatz "Ueber das Marionettentheater". Allerdings darf diese Schrift nicht dazu herangezogen werden, um alles und jedes zu erklären. Was sie zum Verständnis von Kleists Werk beiträgt, sind: erstens die Erkenntnis, dass für den Menschen das Paradies verschlossen ist, das heisst: Es gibt für ihn keinen Weg zurück zu einem naiven, unbewussten Sein, frei von jeder Verwirrung, wie es etwa Käthchen noch verkörpert; zweitens die dialektische Struktur, wie sie diese Skizze vom Geschichtsprozess der Menschheit andeutet (Paradies — Sündenfall und Geschichtlichkeit — möglicher Wiedergewinn des Paradieses), wie sie ebenfalls in den Beispielen zum Ausdruck kommt (Marionette — Dornauszieher — Bär), und wie wir sie schliesslich analog in Kleists Dichtung wiederfinden.

Deutlich kommt dieses Bemühen Kleists um eine Synthese in den Worten Nataliens zum Ausdruck:

> Das Kriegsgesetz, das weiss ich wohl, soll herrschen,
> Jedoch die lieblichen Gefühle auch.[2]

Aber auch andere Zeugnisse des Dichters bekunden seine Sehnsucht, diesen Antagonismus von Herz und Verstand auf einer höheren Ebene zu vereinen:

> "Man könnte die Menschen in zwei Klassen abteilen; in solche, die sich auf eine Metapher und 2) in solche, die sich auf eine Formel verstehn.

---

1 "Penthesilea", Vers 2985-89.
2 "Prinz Friedrich von Homburg", Vers 1129f.

Deren, die sich auf beides verstehn, sind zu wenige, sie machen keine Klasse aus."[1]

"Das Enge der Gebirge scheint überhaupt auf das Gefühl zu wirken und man findet darin viele Gefühlsphilosophen, Menschenfreunde, Freunde der Künste, besonders der Musik. Das Weite des platten Landes hingegen wirkt mehr auf den Verstand und hier findet man die Denker und Vielwisser. Ich möchte an einem Orte geboren sein, wo die Berge nicht zu eng, die Flächen nicht zu weit sind."[2]

"Ich kann ein Differentiale finden, und einen Vers machen; sind das nicht die beiden Enden der menschlichen Fähigkeit?"[3]

Auch in unserem "Amphitryon" haben wir diese dialektische Struktur erkannt. Dabei war Amphitryon der Exponent der Welt des Verstandes und Alkmene die Frau, die ihrem Herzen vertraute. Doch eine Realisierung des wahren Seins in der Wirklichkeit war nur in der neuen Gemeinschaft möglich, wo beide einander wahrhaft erkannten. Oder wie es Heinz Ide ausdrückt:

"Das Herz muss gegen den Beweis des Verstandes in seinem Recht nicht nur behauptet werden, dieses Recht muss vielmehr vom Verstand gegen seinen eigenen Beweis bestätigt werden; doch muss dies so geschehen, dass der Verstand sich nicht selbst widerrufen muss, sondern seinerseits auf höherer Ebene bestätigt wird."[4]

1 Fragmente, 2, Ges. Ausg. II, S. 338.
2 An Wilhelmine von Zenge, Dresden, den 3. September 1800.
  Ges. Ausg. II, S. 541.
3 An Ernst von Pfuel, Berlin, den 7. Januar 1805.
  Ges. Ausg. II, S. 750.
4 Heinz Ide, Der junge Kleist, Würzburg 1961, S. 271.

LITERATUR

Texte

Zitierweise: Den Zitaten liegt grundsätzlich die zweibändige Ausgabe von Helmut Sembdner zugrunde (Ges. Ausg. I und II); Briefstellen, die in anderen Briefen eine wörtliche oder inhaltliche Wiederholung finden, werden nach Sembdners "Geschichte meiner Seele" zitiert.

Heinrich von Kleist. Sämtliche Werke und Briefe, hg. von Helmut Sembdner. 2 Bände, 4. Aufl., München, 1965.

Geschichte meiner Seele: Ideenmagazin. Das Lebenszeugnis der Briefe, hg. von Helmut Sembdner. Bremen, 1959.

Giraudoux, Jean. Amphitryon 38. Paris, 1929.

Molière. Amphitryon. Sammlung: Classiques Larousse. Montrouge, 1953.

Amphitryon: Theater der Jahrhunderte. Dramentexte von: Plautus, Molière, Dryden, Kleist, Giraudoux und Kaiser. Mit einem Vorwort von Peter Szondi. München, Wien, 1967.

Bibliographie

Rothe, Eva. Kleist-Bibliographie 1945-1960. Stuttgart, 1961.

Sekundärliteratur

(WdF :   siehe unter "Wege der Forschung".)

Arntzen, Helmut. Die ernste Komödie: Das deutsche Lustspiel von Lessing bis
   Kleist. Kapitel XIII: Die Komödie des Bewusstseins, b) Kleists "Amphitryon",
   S. 200-245. München, 1968.

Ayrault, Roger. Heinrich von Kleist. Paris, 1934.

Badewitz, Hans. Kleists Amphitryon. Halle (Saale) 1930.

Berwin, Beate. Heinrich von Kleist: der Realist des Nichtwirklichen. Jahrbuch der
   Kleist-Gesellschaft, 1927, S. 74-89.

Best, Otto F. Schuld und Vergebung: zur Rolle von Wahrsagerin und "Amulett" in
   Kleists "Michael Kohlhaas". Germanisch-Romanische Monatsschrift, Neue
   Folge, Bd. XX, Heft 2, Mai 1970.

Bischofberger, Daniel. Der Dreitakt in der Sprache Heinrich von Kleists. Diss.,
   Zürich, 1960.

Blöcker, Günter. Heinrich von Kleist oder das absolute Ich. Berlin, 1960.

Blume, Bernhard. Kleist und Goethe. Erstmals erschienen: Monatshefte für deutschen Unterricht, Bd. 38, 1946. In: WdF, S. 130-185.

Böckmann, Paul. Heinrich von Kleist: 1777-1811. Erstmals erschienen: Die grossen
   Deutschen, Bd. 2, Berlin, 1956. In: WdF, S. 296-316.

Braig, Friedrich. Heinrich von Kleist. München,1925.

Brun, Jacques. L'Univers Tragique de Kleist. Paris, 1966.

Collin, Joseph. Vom unbegreiflichen Kleist: sein Wille nach Wert. Jahrbuch der
   Kleist-Gesellschaft 1927, S. 46-73.

Conrady, Karl Otto. Das Moralische in Kleists Erzählungen: ein Kapitel vom Dichter ohne Gesellschaft. Erstmals erschienen: Literatur und Gesellschaft vom
   neunzehnten ins zwanzigste Jahrhundert, Festgabe für Benno von Wiese, Bonn,
   1963. In: WdF, S. 707-735.

David, Claude. Heinrich von Kleist und das Geheimnis. Erstmals erschienen:
   Preuves 46, 1954. In: WdF, S. 213-229.

Dürst, Rolf. Heinrich von Kleist, Dichter zwischen Ursprung und Endzeit: Kleists
   Werk im Licht idealistischer Eschatologie. Bern, 1965.

Emrich, Wilhelm. Kleist und die moderne Literatur. In: Heinrich von Kleist: Vier Reden zu seinem Gedächtnis. Jahresgabe der Heinrich-von-Kleist-Gesellschaft 1962, S. 9-25.

Fischer, Ernst. Heinrich von Kleist. Erstmals erschienen: Sinn und Form, 13. Jg., 1961. In WdF: S. 459-552.

Fricke, Gerhard. Gefühl und Schicksal bei Heinrich von Kleist. 1. Aufl., Berlin, 1929, unver. Neudruck, Darmstadt, 1963.

Gundolf, Friedrich von. Heinrich von Kleist. Berlin, 1922.

Hellmann, Hanna. Kleists "Amphitryon". Euphorion 25, 1924, S. 241-251.

Herrmann, Hans Peter. Zufall und Ich: zum Begriff der Situation in den Novellen Heinrich von Kleists. Erstmals erschienen: Germanisch-Romanische Monatsschrift, NF Bd. XI, 1961. In:WdF, S. 367-411.

Herzog, Wilhelm. Heinrich von Kleist: sein Leben und sein Werk. München, 1914.

Hoffmeister, Elmar. Täuschung und Wirklichkeit bei Heinrich von Kleist. Abhandlung zur Kunst-, Musik-, und Literaturwissenschaft, Bd. 59. Bonn, 1968.

Hohoff, Curt. Heinrich von Kleist in Selbstzeugnissen und Bilddokumenten. Rowohlts Monographien, Bd. 1. Hamburg, 1958.

Holz, Hans Heinz. Macht und Ohnmacht der Sprache: Untersuchungen zum Sprachverständnis und Stil Heinrich von Kleists. Frankfurt a.M., Bonn, 1962.

Jancke, Gerhard. Zum Problem des identischen Selbst in Kleists Lustspiel "Amphitryon". In: Colloquia Germanica 1969 / 1, S. 87- 110.

Ide, Heinz. Der junge Kleist. Würzburg, 1961.

Koch, Friedrich. Heinrich von Kleist: Bewusstsein und Wirklichkeit. Stuttgart, 1958.

Korff, Hermann A. Geist der Goethezeit, IV. Teil, erstes Buch: Der Aufstieg Heinrich von Kleists, S. 29-90. 1. Aufl., Leipzig, 1953, 6. unver. Aufl., 1964.

Kreutzer, Hans Joachim. Die dichterische Entwicklung Heinrichs von Kleist: Untersuchungen zu seinen Briefen und zu Chronologie und Aufbau seiner Werke. Philolog. Studien und Quellen, Heft 41. Berlin, 1968.

Kühnemann, Eugen. Kleist und Kant. Jahrbuch der Kleist-Gesellschaft 1922, S. 1-30.

Kunz, Josef. Die Thematik der Daseinsstufen in Kleists dichterischem Werk. Erstmals erschienen: Marburger Universitätsbund Jahrbuch 1963. In: WdF, S. 672-706.

Kuoni, Clara. Wirklichkeit und Idee in Heinrich von Kleists Frauenleben. Zürcher Schriften zur Literaturwissenschaft, Bd. XXIX. Frauenfeld, 1937.

Leber, Elsbeth. Das Bild des Menschen in Schillers und Kleists Dramen. Basler Studien zur deutschen Sprache und Literatur, Heft 39. Bern, 1969.

Lefèvre, Manfred. Kleist-Forschung 1961-67. In: Colloquia Germanica 1969 / 1, S. 1-86.

Lintzel, Martin. Liebe und Tod bei Heinrich von Kleist. Berichte über die Verhandlungen der sächsischen Akademie der Wissenschaften zu Leipzig, phil.-hist. Klasse, Bd. 97, Heft 8. Berlin, 1950.

Mann, Thomas. Amphitryon: eine Wiedereroberung. Erstmals erschienen: Neue Rundschau, 39. Jg., 1928. In: WdF, S. 51-88.

Meyer-Benfey, Heinrich. Das Drama Heinrich von Kleists. Göttingen, 1911.

Milch, Werner. Das zwiefache "Ach" der Alkmene. In: Kleine Schriften zur Literatur- und Geistesgeschichte. Heidelberg, Darmstadt, 1957, S. 156-159.

Minde-Pouet, Georg. Heinrich von Kleist: seine Sprache und sein Stil. Weimar, 1897.

Müller, Joachim. Goethe und Kleist. In: Goethe und seine grossen Zeitgenossen. Sieben Essays, hg. von Albert Schaefer. München, 1968, S. 140-165.

Müller-Seidel, Walter. Die Struktur des Widerspruchs in Kleists "Marquise von O...". Erstmals erschienen: Deutsche Vierteljahresschrift, 28, 1954. In: WdF, S. 244-268.

----------. Die Vermischung des Komischen mit dem Tragischen in Kleists Lustspiel "Amphitryon". Jahrbuch der deutschen Schiller-Gesellschaft V, 1961.

----------. Versehen und Erkennen: eine Studie über Heinrich von Kleist. Köln, 1961, 2. unver. Aufl., 1967.

Muschg, Walter. Kleist. Zürich, 1923.

Muth, Ludwig. Kleist und Kant: Versuch einer neuen Interpretation. Kantstudien, Ergänzungshefte, Nr. 68. Köln, 1954.

Nordmeyer, Henry Waldemar. Kleists "Amphitryon": zur Deutung der Komödie. Monatshefte für deutschen Unterricht, Bd. 38, 1946: S. 1-19, 165-176, 268-283, 349-359, Bd. 39, 1947: S. 89-125.

Prang, Helmut. Irrtum und Missverständnis in den Dichtungen Heinrich von Kleists. Erlangen, 1955.

Psaar, Werner. Schicksalsbegriff und Tragik bei Schiller und Kleist. Berlin, 1940.

Reske, Hermann. Traum und Wirklichkeit im Werk Heinrich von Kleists. Reihe: Sprache und Literatur, Bd. 54. Stuttgart, 1969.

Reusner, Ernst von. Satz — Gestalt — Schicksal: Untersuchungen über die Struktur in der Dichtung Kleists. In: Quellen und Forschungen zur Sprach- und Kulturgeschichte der germanischen Völker, Neue Folge 6 (130). Berlin, 1961.

Ryan, Lawrence. Amphitryon: doch ein Lustspielstoff! Jahresgabe der Heinrich-von-Kleist-Gesellschaft 1968, S. 83-121.

Sauer, August. Zu Kleists "Amphitryon". Euphorion 20, 1913, S. 93-104.

Schaub, Martin. Heinrich von Kleist und die Bühne. Diss., Zürich, 1966.

Schlagdenhauffen, Alfred. Die Form des Tragischen bei Heinrich von Kleist. Erstmals erschienen: Bulletin de la Faculté des Lettres de Strasbourg, 1961/62. In: WdF, S. 553-575.

Schmidt, Erich. Heinrich von Kleist als Dramatiker. Erstmals erschienen: E. S. Charakteristiken, Berlin, 1902. In: WdF, S. 2-34.

Schneider, Karl Ludwig. Heinrich von Kleist: über ein Ausdrucksprinzip seines Stils. In: Heinrich von Kleist: Vier Reden zu seinem Gedächtnis. Jahresgabe der Heinrich-von-Kleist-Gesellschaft 1962, S. 26-44.

Seeba, Hinrich C. Der Sündenfall des Verdachts: Identitätskrise und Sprachskepsis in Kleists "Familie Schroffenstein". Deutsche Vierteljahresschrift 1970 / 1, S. 66-100.

Sembdner, Helmut. Die Berliner Abendblätter Heinrich von Kleists, ihre Quellen und ihre Redaktion. Schriften der Kleist-Gesellschaft, Bd. 19, Berlin, 1939.

Sembdner, Helmut (Hg.). Heinrich von Kleists Lebensspuren: Dokumente und Berichte der Zeitgenossen. Bremen, 1957.

--------- (Hg.). Heinrich von Kleists Nachruhm: eine Wirkungsgeschichte in Dokumenten. Bremen, 1967.

----------. Molière und der "Zerbrochene Krug": Neues zur Entstehungsgeschichte von Kleists Lustspielen. Im Programmheft Nr. 8 des Schauspielhauses Zürich 1968-69, S. 8f.

Silz, Walter. Heinrich von Kleists Conception of the Tragic. Hesperia: Schriften zur germanischen Philologie, Nr. 12, hg. von Herm. Collitz. Göttingen, 1923.

Smith, Pieter Fokko. Das Vertrauen in Heinrich von Kleists Briefen und Werken. Groningen, 1949.

Spörri, Reinhart. Dramatische Rhythmik in Kleists Komödien. Diss., Zürich, 1954.

Staiger, Emil. Heinrich von Kleist: "Das Bettelweib von Locarno" : zum Problem des dramatischen Stils. Erstmals erschienen: E.S. Meisterwerke deutscher Sprache aus dem neunzehnten Jahrhundert, Zürich, 1943. In: WdF, S. 113-129.

----------. Heinrich von Kleist. In: Heinrich von Kleist: Vier Reden zu seinem Gedächtnis. Jahresgabe der Heinrich-von-Kleist-Gesellschaft 1962, S. 45-62.

Stockum, Theodorus C. van. Heinrich von Kleist und die Kantkrise. Erstmals erschienen: Neophilologus 39, 1955. In: WdF, S. 269-271.

Stoessl, Franz. Amphitryon: Wachstum und Wandel eines poetischen Stoffes. Trivium, Heft 2, 1944, S. 93-117.

Streller, Siegfried. Heinrich von Kleist und Jean-Jacques Rousseau. Erstmals erschienen: Weimarer Beiträge 8, 1962. In: WdF, S. 635- 671.

----------. Das dramatische Werk Heinrich von Kleists. Neue Beiträge zur Literaturwissenschaft, Bd. 27. Berlin-Ost, 1966.

Szondi, Peter. Versuch über das Tragische. Frankfurt a.M., 1961.

----------. Satz und Gegensatz: sechs Essays. Amphitryon: S. 44-57. Frankfurt a.M., 1964.

Wege der Forschung (WdF), Bd. CXLVII: Heinrich von Kleist. Aufsätze und Essays, hg. von Walter Müller-Seidel. Wissenschaftliche Buchgesellschaft, Darmstadt, 1967.

Wiese, Benno von. Die deutsche Tragödie von Lessing bis Hebbel. Ueber Kleist: S. 275-344. Hamburg, 1967[7], 1. Aufl. 1948.

----------. Heinrich von Kleist: Tragik und Utopie. In: Heinrich von Kleist: Vier Reden zu seinem Gedächtnis. Jahresgabe der Heinrich-von-Kleist-Gesellschaft 1962, S. 63-74.

Witkop, Philipp. Heinrich von Kleist. Leipzig, 1922.

Wittkowski, Wolfgang. Der neue Prometheus: Kleists Amphitryon zwischen Molière und Giraudoux. Jahresgabe der Heinrich-von-Kleist-Gesellschaft 1968, S. 27-82.

Wolff, Hans M. Heinrich von Kleist: die Geschichte seines Schaffens. Bern, 1954.

Zweig, Stefan. Kleist. In: Baumeister der Welt. Frankfurt a.M., 1951, S. 271-328.

Binswanger, Ludwig. Grundformen und Erkenntnis menschlichen Daseins. Zürich, 1942.

Hegels theologische Jugendschriften, hg. von Hermann Nohl. Tübingen, 1907, unver. Nachdruck, Frankfurt a. M., 1966.

Hegel. Vorlesungen über die Aesthetik, III. Teil. Suhrkamp Werkausgabe, Bd. 15. Frankfurt a. M., 1970.

Hölderlin. Sämtliche Werke in 4 Bänden. Kleine Stuttgarter Ausgabe, hg. von Friedrich Beissner, 1. Aufl., 1944 / 46, unver. Nachdruck, Darmstadt, 1966.

Kant. Werke in 10 Bänden, hg. von Wilhelm Weischedel. Davon Bd. 3 und 4: Kritik der reinen Vernunft, Bd. 8: Kritik der Urteilskraft. Wissenschaftliche Buchgesellschaft, Darmstadt, 1964.

Staiger, Emil. Der Geist der Liebe und das Schicksal: Schelling, Hegel und Hölderlin. Wege zur Dichtung, Bd. XIX. Frauenfeld, 1935.

EUROPÄISCHE HOCHSCHULSCHRIFTEN

Nr. 26   Vera Deblue, Zürich: Anima naturaliter ironica – Die Ironie in Wesen und Werk Heinrich Heines. 100 S. 1970. sFr. 24,–

Nr. 27   Hans-Wilhelm Kelling, Provo/USA: The Idolatry of Poetic Genius in German Goethe Criticism. 200 p. 1970. sFr. 30,–

Nr. 28   Armin Schlienger, Zürich: Das Komische in den Komödien des Andreas Gryphius. Ein Beitrag zu Ernst und Scherz im Barocktheater. 316 S. 1970. sFr. 35,–

Nr. 29   Marianne Frey, Bern: Der Künstler und sein Werk bei W. H. Wackenroder und E. T. A. Hoffmann – Vergleichende Studien zur romantischen Kunstanschauung. 216 S. 1970. sFr. 28,–

Nr. 30   C. A. M. Noble, Belfast: Krankheit, Verbrechen und künstlerisches Schaffen bei Thomas Mann. 268 S. 1970. sFr. 37,–

Nr. 31   Eberhard Frey, Waltham/USA: Franz Kafkas Erzählstil – Eine Demonstration neuer stilanalytischer Methoden an Kafkas Erzählung „Ein Hungerkünstler". 382 S. 1970. sFr. 32,–

Nr. 32   Raymond Lauener, Neuchâtel: Robert Walser ou la Primauté de Jeu. 532 S. 1970. sFr. 60,–

Nr. 33   Samuel Berr, New York: An Etymological Glossary to the Old Saxon Heliand. 480 p. 1970. sFr. 78,–

Nr. 34   Erwin Frank Ritter, Wisconsin: Johann Baptist von Alxinger and the Austrian Enlightenment. 176 S. 1970. sFr. 30,–

Nr. 35   Felix Thurner, Fribourg: Albert Paris Gütersloh – Studien zu seinem Romanwerk. 220 S. 1970. sFr. 28,–

Nr. 36   Klaus Wille, Tübingen: Die Signatur der Melancholie im Werk Clemens Brentanos. 208 S. 1970. sFr. 30,–

Nr. 37   Andreas Oplatka, Zürich: Aufbauform und Stilwandel in den Dramen Grillparzers. 104 S. 1970. sFr. 20,–

Nr. 38   Hans-Dieter Brückner, Claremont: Heidengestaltung im Prosawerk Conrad Ferdinand Meyers. 102 S. 1970. sFr. 20,–

Nr. 39   Josef Helbling, Zürich: Albrecht von Haller als Dichter. 164 S. 1970. sFr. 36,–

Nr. 40   Lothar Georg Seeger, Washington: The „Unwed Mother" as a Symbol of Social Consciousness in the Writings of J. G. Schlosser, Justus Möser, and J. H. Pestalozzi. 36 p. 1970. sFr. 8,80

Nr. 41   Eduard Mäder, Freiburg: Der Streit der „Töchter Gottes" – Zur Geschichte eines allegorischen Motivs. 136 S. 1971. sFr. 25,–

Nr. 42   Christian Ruosch, Freiburg: Die phantastisch-surreale Welt im Werke Paul Scheerbarts. 136 S. 1970. sFr. 24,–

Nr. 43   Maria Pospischil Alter, Maryland/USA: The Concept of Physician in the Writings of Hans Carossa and Arthur Schnitzler. 104 S. 1971. sFr. 21,50

Nr. 44   Vereni Fässler, Zürich: Hell-Dunkel in der barocken Dichtung – Studien zum Hell-Dunkel bei Johann Klaj, Andreas Gryphius und Catharina Regina von Greiffenberg. 96 S. 1971. sFr. 28,–

Nr. 45   Charlotte W. Ghurye, Terre Haute, Indiana/USA: The Movement Toward a New Social and Political Consciousness in Postwar German Prose. 128 p. 1971. sFr. 28,–

Nr. 46   Manfred A. Poitzsch, Minneapolis, Minnesota/USA: Zeitgenössisch Persiflagen auf C. M. Wieland und seine Schriften. sFr. 40,– (In Vorbereitung/In Preparation)

Nr. 47   Michael Imboden, Freiburg: Die surreale Komponente im erzählenden Werk Arthur Schnitzlers. 132 S. 1971. sFr. 24,–

Nr. 48   Wolfgang Dieter Elfe, Massachusetts/USA: Stiltendenzen im Werk von Ernst Weiss, unter besonderer Berücksichtigung seines expressionistischen Stils (Ein Vergleich der drei Druckfassungen des Romans „Tiere in Ketten") 80 S. 1971. sFr. 24,–

Nr. 49   Alba Schwarz, Zürich: „Der teutsch-redende treue Schäfer" Guarinis „Pastor Fido" und die Übersetzungen von Eilger Mannlich 1619, Statius Ackermann 1636, Hofmann von Hofmannswaldau 1652, Assmann von Abschatz 1672. sFr. 44,– (In Vorbereitung/In Preparation)